AMOROSIDADE: A CURA DA FERIDA DO ABANDONO
Copyright © 2018 by Editora Dufaux
7ª reimpressão | Dezembro/2022 | do 12,8º a 14º milheiro

Dados Internacionais de Catalogação Pública

DUFAUX, Ermace (Espírito)
   AMOROSIDADE: a cura da ferida do abandono
   Ermance Dufaux (Espírito): psicografado por Wanderley Oliveira.
   DUFAUX: Belo Horizante, MG, 2018.

   303 p.   16 x 23 cm

   ISBN 978-85-67800-35-6

   1. Espiritismo   2. Psicografia

      I. Oliveira, Wanderley   II. Título

   CDU 133.9

      Impresso no Brasil   Printed in Brazil   Presita en Brazilo

Editora Dufaux
R. Contria, 759
Alto Barroca,
Belo Horizonte/MG - Brasil
30431-028
Tel.:(31) 3347-1531
WWW.EDITORADUFAUX.COM.BR

 Conforme novo acordo ortográfico da língua portuguesa ratificado em 2008.

Os direitos autorais desta obra foram cedidos pelo médium Wanderley Oliveira à Sociedade Espírita Ermance Dufaux (SEED). É proibida a sua reprodução parcial ou total através de qualquer forma, meio ou processo eletrônico, digital, fotocópia, microfilme, internet, cd-rom, dvd, dentre outros, sem prévia e expressa autorização da editora, nos termos da Lei 9 610/98 que regulamenta os direitos de autor e conexos.

WANDERLEY OLIVEIRA

pelo Espírito ERMANCE DUFAUX

Amorosidade

a cura da ferida
do abandono

Série
Autoconhecimento

Dufaux

Sumário

Prefácio | 14

Amorosidade: o termômetro do amadurecimento espiritual – Maria Modesto Cravo

Introdução | 22

A ferida evolutiva do abandono: o desamor a si mesmo – Ermance Dufaux

PARTE 1

01 | 32

Reciprocidade: o equilíbrio dos relacionamentos amorosos

02 | 38

Autoconfiança: o escudo emocional contra a rejeição

03 | 46

A tarrafa vibratória da solidão

04 | 54

O medo do abandono nos perfis controladores

05 | 62

A blindagem da aura afetada pelo abandono

06 | 68

A aura da amorosidade

07 | 74

A cura da ferida do abandono pela educação emocional

08 | 80

A geração construtora da amorosidade

09 | 88

Relacionamentos energéticos

10 | 94

Inadequação, uma dor silenciosa

11 | 100

A ansiedade pode ser um sintoma de relacionamentos tóxicos

12 | 106

A incompatibilidade energética é um aviso da alma

13 | 114

O abandono afeta o campo energético dos chacras

14 | 120

Chacra laríngeo, o alto-falante da alma

15 | 126

Perdão e gratidão como escudos de proteção

16 | 130

O prazo de validade dos ciclos cármicos

17 | 138

Abrindo seus caminhos astrais

18 | 144

Vida travada? Cure os relacionamentos passados

19 | 150

Você merece o amparo de seus protetores espirituais

20 | 156

Carma: as pessoas certas, nos lugares certos, conforme méritos e necessidades

21 | 162

Ressignifique as experiências amorosas e afetivas

22 | 168

Empatia é o movimento energético que destrava a vida

23 | 174

Critérios de avaliação do aproveitamento da reencarnação

24 | 178

Humanização dos grupos de espiritualização no plano físico

25 | 182

A frequência vibratória da reciprocidade: a afabilidade e a doçura

26 | 188

Todos os relacionamentos terminados deram certo

27 | 194

Revise seus relacionamentos anteriores e libere sua vida amorosa

28 | 202

Exercício para se libertar das conexões sombrias com os outros

29 | 208

Exercício para se libertar das conexões sombrias com quem lhe quer mal

30 | 214

Paciência, uma conquista da humildade

31 | 220

Sexo e repercussões energéticas

32 | 226

Você atrai as pessoas conforme o tratamento que aplica a si próprio

PARTE 2

Reflexões sobre relacionamentos sugeridas por leitores

01 | 236

Pessoa perfeita para o amor

02 | 238

Uma forma infeliz de compensar a falta de autoamor

03 | 240

Preserve sempre sua identidade em qualquer experiência relacional

04 | 242

O momento adequado para tomar uma decisão na convivência

05 | 244

O melhor sintoma de fechamento de ciclo na vida afetiva

06 | 246

A fórmula para dar certo no amor

07 | 248

O pior caminho para se conquistar alguém

08 | 250

Cada relacionamento é uma lição nova e diferente

09 | 252

Encerramentos mal resolvidos

10 | 254

A função do encontro a dois

11 | 256

Para quem nos pediu uma oração pelos casais que iniciam seu relacionamento

12 | 258

Um segredo essencial na arte de amar

13 | 260

Companheirismo

14 | 262

Conflitos são necessários

15 | 264

Acordo de corações para iniciar bem um relacionamento

16| 266

Nunca desistam de amar

17 | 268

Prisões energéticas

18 | 270

Você não responde pela dor dos seus amores

19 | 272

Abençoe todas as suas experiências

20 | 274

Pessoas abertas para o amor

Entrevista com Ermance Dufaux | 279

Prefácio

Amorosidade: o termômetro do amadurecimento espiritual

Temos uma ala no Hospital Esperança,[1] fundada na década de 1980, destinada a receber e tratar dirigentes e líderes cristãos. Entre seus colaboradores, temos grupos preparados por Eurípedes Barsanulfo que são altamente especializados em vida psíquica e conhecedores de doenças mentais profundas.

Cuidadores amorosos e amáveis foram preparados em cursos intensivos para acompanhar o desencarne e receber, no plano espiritual, grandes vultos dos segmentos católicos, espíritas, umbandistas, evangélicos e afins, uma vez que foram homens e mulheres dotados de extrema devoção e influência na religião, mas portadores de elevado grau de arrogância e orgulho em seus corações.

Era requisito fundamental que fossem orientados por almas doces e pacientes nos primeiros tempos de sua adaptação ao mundo espiritual. Após uma década de experiências nesse setor, chegou-se à conclusão de que alguns traços de personalidade eram inerentes a cada um dos segmentos religiosos e, em 1993, foram criadas alas ainda mais específicas para tratar cada tipo de necessidade apresentada. O setor, então, cresceu e se transformou em uma das maiores especialidades do hospital.

---

1 **Hospital Esperança** – O Hospital Esperança é uma obra de amor erguida por Eurípedes Barsanulfo no mundo espiritual. Seu objetivo é amparar os seguidores de Jesus que se deparam com aflições e culpas conscienciais após o desencarne. Informações mais detalhadas sobre o hospital podem ser encontradas no livro *Lírios de esperança*, obra de autoria espiritual de Ermance Dufaux, psicografado por Wanderley Oliveira, Editora Dufaux.

Os perfis mais frequentes nos atendimentos são os companheiros que sofrem com elevado nível de ansiedade e aflição, decorrentes do acentuado congestionamento mental provocado pelo acúmulo de conhecimentos espirituais e religiosos adquiridos na vida física, sem a devida educação das emoções.

São homens e mulheres bons, porém atormentados e prisioneiros de lamentável inquietude, em razão do pensamento acelerado e da desordenação de seus sentimentos. Apresentam largo grau de confusão, conflitos e alguns, até, de desorientação psíquica. O cérebro, sem dúvida, é um amortecedor generoso para esse quadro. Mas a morte é um fator determinante e apresenta a conta em forma de verdade.

Ai de nós sem a misericórdia após o desencarne!

Nessa ala, tais pacientes encontram o remédio que os aquieta, bem como benfeitores e tarefeiros com expressiva afetividade que lhes toca as fibras mais reservadas na alma. Não será exagero dizer que é um local em que eles se preparam para o arrependimento e têm a oportunidade de ampliar a visão sobre as recém-findas reencarnações, nas quais a soberba do saber lhes distraiu de deveres inadiáveis para a própria redenção espiritual.

É um ponto de partida para retomarem o equilíbrio, considerando que muitos dos internos, conforme absorvem as técnicas e os novos conhecimentos, tombam nas depressões, em função da desilusão de suas crenças.

Entre eles, encontramos uma geração de dirigentes espíritas reencarnados no início do século 20, muitos adoecidos com severas perturbações. Irmãos que aprenderam o Espiritismo por fora, sem acompanhar a era do Espiritismo por dentro. Viveram-no nas práticas e tarefas em prejuízo da educação das próprias tendências e do desenvolvimento de qualidades morais e emocionais para o amor legítimo.

Tivemos três ciclos no planejamento das ideias espíritas no planeta. O primeiro foi de 1857 até 1930, começando com o surgimento do Espiritismo até a chegada de Chico Xavier. É o período do alicerce das bases doutrinárias.

O segundo foi de 1930 até 2000, etapa na qual a divulgação social dos princípios espíritas realizou-se em larga escala. O terceiro ciclo, em pleno vigor, vem de 2000 e vai até 2070. É o período da humanização e do desenvolvimento do afeto.

Podemos assim resumir essas três etapas sob a perspectiva da missão desses dirigentes:

1ª geração – os obreiros da caridade e do fenômeno mediúnico.

2ª geração – os modeladores do pensamento espírita.

3ª geração – os construtores da amorosidade.

E podemos também resumi-las sob a perspectiva da necessidade espiritual desses dirigentes:

1ª geração – espíritos com culpas muito acentuadas que se desdobraram nos serviços de caridade para amenizar suas dores, e na aplicação da mediunidade como arrimo de sua fé.

2ª geração – espíritos com grande bagagem filosófica e religiosa, portadores de muito orgulho e vaidade, que buscaram no conhecimento adquirido recursos para se reorientarem na vida.

3ª geração – espíritos cansados de si mesmos e com muita angústia a respeito do amor. Trazem uma extrema necessidade de viver seus relacionamentos com mais afetividade.

As nossas alas de hoje estão abarrotadas dos dirigentes das duas primeiras gerações, e alguns já retornam ao mundo físico, angustiados por um recomeço em bases novas. A culpa e o orgulho de outrora migraram dentro de suas almas para uma dilacerante saudade de si próprios, uma sensação angustiante de abandono e solidão no mundo. Sentem muita falta de relacionamentos legítimos, de contato fraterno e de vivência do afeto.

Estão novamente na seara, com cinco, dez ou vinte anos de idade, em busca de amorosidade, repugnando os aspectos mais formais e dogmáticos.

Eles fazem parte de uma geração com perfis completamente distintos de seus antecessores e trazem um clamor muito vigoroso para a diversidade, o calor humano e a proximidade afetiva.

Antes de renascerem, receberam um preparo nessas áreas especializadas do Hospital Esperança, visando melhores chances de êxito em suas reencarnações.

Nos fins dos anos 1990, foi criado o *Curso de amorosidade à luz do espírito imortal*, do qual todos participaram antes de renascer. A utilidade desse curso ampliou-se com tanta rapidez e variações, que foram criadas várias escolas inspiradas nessa proposta, sob a inspiração e a didática do nosso diretor e educador, Eurípedes Barsanulfo.

Inclusive, muitos encarnados começaram a reciclar conceitos ao frequentarem essas escolas durante o desdobramento pelo sono. Há turmas específicas para esse fim. Outros, com mais idade, porém abertos a essa amorosidade nas relações, igualmente frequentam esses cursos. O índice de frequência varia entre 20% e 30% de presença dos que são matriculados. Este assunto já foi alvo dos estudos da nossa querida Ermance Dufaux.[2]

O curso é muito disputado pelos encarnados e as vagas são preenchidas somente por pessoas que apresentam assiduidade[3] no seu processo de educação emocional e sensibilidade para a proposta renovadora da humanidade: um planeta com mais coração!

Participar do curso requer responsabilidade acentuada e costuma causar fortes emoções em quem absorve as orientações e realiza os tratamentos. Ao regressarem ao corpo, após cada aula, os alunos não são mais os mesmos.

---

2 Livro *Um terço da vida*, autoria espiritual de Ermance Dufaux, psicografado por Wanderley Oliveira - Editora Dufaux.

3 Mesmo estando comprometidos com a reforma íntima, o índice de frequência variando entre 20% e 30% de presença dos que são matriculados é muito baixo, mostrando a dificuldade que o espírito encarnado tem para se manter nos propósitos de estudo durante a emancipação pelo sono físico.

É óbvio que se espera que sejam sempre melhores.

Nosso objetivo prioritário, nesta obra, é chamar a atenção para o tema considerado o mais urgente em assuntos de espiritualização humana: a amorosidade como expressão plena de maturidade espiritual. Ermance Dufaux organizou os textos que sintetizam parcialmente o referido curso do Hospital Esperança. Poderíamos dizer que menos de 10% dos conteúdos são aqui apresentados, cujo fim maior é a formação de oficinas edificantes nos grupos de espiritualização desejosos de discutir e expandir as qualidades do amor em suas vidas.

Ficaremos gratos e felizes se colaborarmos para abrir as portas das casas de espiritualização, para que haja uma conduta humanizada e amável em seus projetos de esclarecimento e formação. Destacamos aqui, de forma acentuada e urgente, as agremiações espíritas.

Para nós, a amorosidade é o melhor termômetro do amadurecimento espiritual e o caminho para uma Terra mais justa e benevolente.

Que Jesus, o Pastor amoroso e terno, nos guie os propósitos sinceros.

Maria Modesto Cravo
Belo Horizonte, abril de 2018

Introdução

A ferida evolutiva do abandono: o desamor a si mesmo

> Postos de lado os defeitos e os vícios acerca dos quais ninguém se pode equivocar, qual o sinal mais característico da imperfeição?
>
> O interesse pessoal. [...]
>
> O livro dos espíritos, questão 895.

A Terra é uma escola que reúne alunos com notas e lições similares em estágios dolorosos de provas e expiações.

As chagas evolutivas da alma são registros que o próprio espírito carrega como roteiro doloroso que impôs a si mesmo em função de suas escolhas. Todo mal provocado ao próximo tem como efeito, dentro do próprio coração, uma lesão de infelizes proporções.

Ao longo dos milênios, a rota do espírito está repleta de feridas nascidas da profunda teimosia em escolher e prestigiar as artimanhas do ego. Como destaca *O livro dos espíritos*: o interesse pessoal é a maior imperfeição humana.

O resultado desse trajeto ilusório ficou profundamente gravado na vida mental, criando monstros morais em forma de hábitos enraizados, determinando verdadeira prisão vibratória construída pela frequência e teor das experiências vividas.

Adquiridos a preço da dor alheia, as aventuras e desvios, os prazeres e vantagens são atalhos de fuga que dilaceram as fibras da sensibilidade e organizam prisões interiores em forma de dores emocionais. Uma das mais conhecidas na atualidade é a dor do abandono, a sensação de desamparo.

Essa lesão na alma responde por larga soma de aflições em todos os continentes do mundo. Um apelo sofrido brota no silêncio dos corações rogando proteção e amor. Não há quem não esteja carente de ser protegido e acolhido, amado e incentivado nas lutas de cada dia. Uma torturante sensação de abandono, inconsciente, na maioria das vezes, toma conta do coração humano.

São quatro as principais dores da alma provocadas pelo autoabandono: a carência, o medo, a solidão e a rejeição. Verdadeiras cadeias emocionais resultantes do egoísmo frenético e milenar.

A carência é a falta de si mesmo. A saudade de ser quem foi criado para ser. É a origem da mágoa com a vida.

O medo surge em função da falta de autoconhecimento. A angústia que brota da necessidade de se descobrir. É a origem da ansiedade.

A solidão é a desconexão com sua natureza interior. A compulsiva projeção para fora de si. É a origem da tristeza.

A rejeição é a inaceitação da pessoa ser o que ela se tornou. A distância emocional do amor-próprio. É a origem da desconfiança tóxica.

Mágoa, ansiedade, tristeza e desconfiança. Quem não padece dessas dores emocionais na escola terrena? São dores do autoabandono. São efeitos do longo tempo sem olhar para as necessidades pessoais, sem coragem de assumir sua fragilidade, seus limites e sua necessidade de amparo.

Não ter a si próprio é o maior dos padecimentos expiatórios que pode existir. Daí surge a dor do abandono e a dolorosa expiação da ausência de sentido para viver. É, na maioria das vezes, um sofrimento não reconhecido, camuflado de vários outros dramas interiores. Na essência, é a alma suplicando amparo, carinho, consideração, acolhimento, apoio e bondade. Um apelo silencioso por amor.

Essa é a frequência criada pelo egoísmo, a estrutura interior que gera a aura da falta do autoamor. Somente na frequência do amor a criatura conseguirá a tão almejada recuperação do autoabandono.

Se foi por meio do descaso e da indiferença ao próximo que o espírito lesou a própria consciência, será também por meio da geração de relacionamentos sadios e valorosos que ele encontrará o caminho da cura.

Encontrando-se com seu próximo, descobrirá Deus. Portanto, a chave da libertação está na construção de convivências ricas de amorosidade e sabedoria. Na frequência do amor a si, ao próximo e às Leis Naturais, o espírito recupera seu poder, sua estima é desenvolvida e sua paz íntima é reestabelecida.

A energia da amorosidade preenche o coração, alinha propósitos, confere uma sensação de que forças maiores e sublimes guiam nossos passos, fortalecendo a sensação de que tudo vale a pena e tem um sentido. Ainda que exista interesse pessoal na convivência, a frequência elevada do amor transcende a natureza das intenções e dos desejos. A busca da alma nesse estágio transforma-se em sublime e redentora escola de colaboração espontânea, empatia, lealdade e diversos outros comportamentos morais dignificadores.

Do egoísmo, a criatura avança gradativamente para o estágio de autoamor, um cuidado que não exclui o próximo e deixa claro que o cuidado consigo não pode custar o preço da infelicidade alheia. O interesse pessoal transforma-se em cuidado pessoal amoroso e rico de ternura[1].

Essa frequência do amor produz frutos vigorosos, uma profunda e nítida emoção de ser amado e acolhido pelas Leis que regem o universo e uma expressão luminosa de paz na alma.

Na frequência do amor, o ser espiritual cura seu autoabandono e reveste-se da aura da amorosidade e da libertação de seu ser.[2] Nessa frequência, o homem absorve Deus.

Ermance Dufaux
Belo Horizonte, fevereiro de 2018

---

[1] Para ilustrar esta Introdução, foram construídos dois gráficos, sob a inspiração da autora espiritual, com a intenção de facilitar o entendimento geral da obra. É importante que o leitor volte a ler a Introdução acompanhando as ilustrações, para ter uma visão ampliada da proposta deste livro.

[2] Podemos perceber que Ermance acredita na capacidade de amar do ser humano. Ao tratar a amorosidade da forma como ela o faz, redireciona a capacidade de amar para ser aplicada à vida de relação, uma vez que o que sustenta o amor é a amorosidade aplicada, e não o contrário. (N.E.)

Gráfico 01
Aura do amor a si mesmo.
Quanto mais autoabandono, menos amorosidade

Gráfico 02
Amorosidade
Cura da ferida do abandono

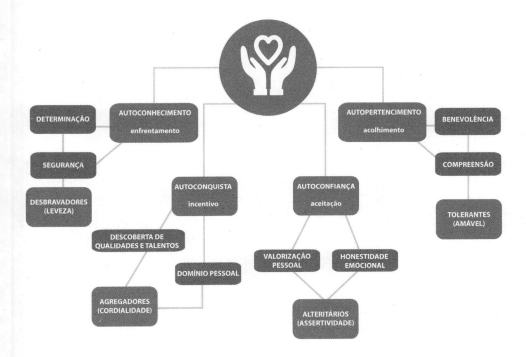

1ª Parte

01

> Reciprocidade:
> o equilíbrio dos
> relacionamentos amorosos

Na vida de relação, a reciprocidade é o caminho seguro para o amor. Ela pode ser simbolizada por uma balança em cujos pratos é depositado tudo aquilo que cada um oferece para nutrir o convívio. Interesse, cumplicidade, respeito, atenção, carinho e vários outros ingredientes de cuidados mútuos são a fonte vitalizadora da alegria e do bem-estar na relação.

Por meio da reciprocidade, temos a nítida sensação de pertencimento, de que somos amados, protegidos e respeitados, experimentando um estado enriquecedor de nutrição afetiva.

Na relação afetiva, a reciprocidade é uma questão de energia que atua como o selo da alma, aprovando ou desaprovando a conexão entre nós e as outras pessoas.

A ferida evolutiva do abandono é amenizada quando há essa troca de emoções, causando um preenchimento interno extremamente motivador e acolhedor.

Pessoas recíprocas correspondem-se moral, emocional, espiritual e energeticamente. No entanto, nenhum relacionamento oferecerá um nível tão consistente de pertencimento se cada um dos membros não estiver desenvolvendo o autopertencimento promovido pelo movimento de autoamor do qual se nutrem e sentem pertencer, antes de tudo, a si próprios. Esse autoamor extingue as sombras da carência e da falta de si mesmo, distanciando o ser da postura enferma de depender do outro para se preencher.

Os carentes crônicos de afeto são espíritos com sinais graves de abandono e dor que se perderam no caminho do crescimento pessoal e não conseguem sentir a frequência curativa do amor. Perderam a capacidade de autonutrição, de sentir o amor dos outros, de se sensibilizar e se adaptar às relações de troca maduras e compensadoras. Ausentaram-se de uma relação digna com as leis da abundância do Criador e preferiram o lamentável encanto do egoísmo enlouquecedor. Surge, então, a carência afetiva, a falta do ser divino que se é desde a criação.

O efeito mais devastador dessa falta é a mágoa, uma insatisfação persistente ao longo dos milênios, que estende as experiências do ser humano a níveis expiatórios graves. Ela surge ao se esperar demais do outro quando você mesmo não oferece nem o necessário para que o prato da balança relacional alcance o equilíbrio.

Essa dor emocional expõe o ser a relações nas quais, para ser amado, precisa prestar favores. São os casos em que a pessoa vive para agradar. Isso é uma experiência problemática e dolorosa. Nesses casos, há um desnível energético e moral, um encontro de sombrios que supera os aspectos luminosos que seriam o alvo de ambos, que atua como uma doença nas relações, destruindo os brotos frágeis de amor que precisam ser regados e adubados com a reciprocidade, para conduzir a aprendizados importantes e essenciais.

A mágoa é uma doença profunda que atinge a maioria da humanidade. E não se trata apenas de uma consequência às ofensas de alguém. É um estado constante de insatisfação, um estado de melindre com a vida.

Magoados não conseguem ser recíprocos em suas relações, sejam elas sociais, familiares ou afetivas. São traumatizados por velhas emoções e assombrados por memórias infelizes. Não conseguem sentir o pertencimento ao contexto no qual estão inseridos nem são capazes de comunicar isso aos outros, trafegando entre a inadequação e a revolta.

A necessidade de pertencimento a grupos e a relacionamentos faz parte da Lei de Sociedade, como assevera *O livro dos espíritos*, na questão 767:

> É contrário à lei da Natureza o insulamento absoluto?
>
> Sem dúvida, pois que por instinto os homens buscam a sociedade e todos devem concorrer para o progresso, auxiliando-se mutuamente.

O insulamento emocional é um dos principais capítulos da mágoa no livro da vida. O coração sente-se preso em seus sentimentos adoecidos e não consegue fazer a conexão necessária para estabelecer laços sadios e usufruir da bênção da convivência revitalizadora.

É necessário perdoar-se, soltar o passado e realizar o autoencontro, libertando-se das ofensas aprisionantes, para preencher-se de energias divinas e fortalecedoras. O perdão acontece quando a gratidão toma conta do coração, quando se compreende psíquica e emocionalmente o motivo das ofensas sofridas. Quando se consegue dizer: "Solto, deixo ir, recomeço e quero ser feliz!". E quando se entende que quaisquer motivos de mágoa são, na verdade, vias de acesso ao seu eu profundo, em busca das mensagens de amadurecimento que as sábias leis universais trazem até você.

Quem está preenchido do próprio afeto, consegue ser recíproco espontaneamente. Nesta condição, só aceita um relacionamento de igual para igual, no qual a balança tenha igualdade de conduta, propósitos e energias.

A reciprocidade gera confiança, entrega recíproca, alegria e as melhores rotas para a proximidade existencial sob a égide do amor e da cumplicidade espontânea.

Pessoas recíprocas, seja na amizade, na vida familiar e na vida amorosa, escolheram amar com lealdade e comprometimento; são apoiadores naturais que focam na melhor parte dos que amam e, por isso, tornam-se preferidos e amados por todos.

Não há abandono em quem aprende a ser recíproco. A mágoa se cura e o amor transborda.

02

> *Autoconfiança: o escudo emocional contra a rejeição*

A rejeição dói tanto que pesquisas[1] demonstram que as mesmas áreas cerebrais da dor física são ativadas quando se vive essa experiência. Tanto é, que alguns profissionais da saúde mental ocasionalmente se utilizam de medicações analgésicas para aplacar essa dor emocional.

Não é difícil se chegar à hipótese de que alguns casos de fibromialgia sugerem a avaliação profissional a respeito da rejeição como pano de fundo emocional de seu quadro.

O sentir-se rejeitado é parte da não aceitação de nós mesmos, fator que reforça o distanciamento emocional do amor-próprio, mas manda um recado importante: avisa que nos distanciamos do autoacolhimento, da bondade para conosco e do cultivo do valor pessoal, atitudes sob nossa responsabilidade, essenciais para velarmos por nós mesmos e nos desenvolver. Seus caminhos de acesso mais usuais na vida mental são a frustração, a dor da inutilidade e o padrão emocional da indignidade.

Pela frustração, a criatura afunda-se na ideia de que não é capaz e cria a fixação mental no questionamento à sua competência.

---

[1] Pesquisadores da Escola de Medicina da Universidade de Michigan descobriram que nosso cérebro responde à rejeição social liberando analgésicos naturais da mesma maneira que faz quando encara a dor física. Quando uma pessoa sente dor física, seu cérebro libera substâncias químicas chamadas opioides (ou opiáceos) nos espaços entre os neurônios, amortecendo os sinais da dor. A equipe da Universidade de Michigan descobriu que é possível estimular essa mesma área do cérebro, conhecida como sistema receptor de opioides, fazendo as pessoas sentirem que foram rejeitadas num site de encontros.

Pela dor da inutilidade, sorve o cálice da insignificância e padece da síndrome do "sou imprestável" e não consegue entender sua missão.

Pela emoção da indignidade, experimenta um vazio a respeito de seu valor pessoal e das razões de existir na vida, amordaçado pela ausência de sentido para viver.

Frustração, inutilidade e indignidade são o piso emocional de verdadeiras doenças psicológicas que assolam a sociedade. Uma delas, inerente a portadores do sentimento de rejeição, é a desconfiança que prende milhares de seres na crise da descrença com o próximo.

De uma maneira mais ampla, está muito difícil as pessoas acreditarem em alguém e sentirem-se acolhidos afetivamente. Para quem se sente rejeitado, esse quadro se agrava. Fica difícil estabelecer elos saudáveis de afeto e entrega quando se padece dessa dor.

A desconfiança é um resultado do estado mental de quem não confia em si, que sofre a "síndrome de impostor", de ser falso diante do que está fazendo e construindo na vida. Este é o efeito danoso e milenar do autoabandono.

Diante do volume de sombras internas que experimentamos, nos impedindo de acessar nossa consciência, desconfiamos daquilo que falamos e pensamos, e temos enorme dificuldade em acreditar na luz, tão ansiada para nosso crescimento pessoal.

Como é muito doloroso reconhecer isso, adotamos a fuga de transferir essa desconfiança para o próximo, na nossa convivência. Ela, então, se manifesta em três principais comportamentos: acusação, cobrança e julgamento, que, por sua vez, são os alicerces emocionais da descrença, da desconexão social e do insulamento emocional.

Quem vive nesse clima emocional e mental exala uma inveja tóxica, favorecendo uma projeção de sombras na convivência em níveis acentuados. Corações que se sentem rejeitados são mais propensos a julgar, cobrar, recriminar e acusar, pois são mecanismos "aliviadores" de tensões interiores.

Quem não confia em si, vai achar defeito e problemas em todas as pessoas, em todos os lugares, em todo tipo de convivência e relação, reproduzindo rivalidade, desconforto e competição sistemática. Esses são mecanismos inconscientes da inveja de quem se sente reprovado, discriminado e não aceito.

Vejamos o que é dito a esse respeito em *O livro dos espíritos*, questão 903:

> Incorre em culpa o homem, por estudar os defeitos alheios?
>
> Incorrerá em grande culpa, se o fizer para os criticar e divulgar, porque será faltar com a caridade. Se o fizer, para tirar daí proveito, para evitá-los, tal estudo poderá ser-lhe de alguma utilidade. Importa, porém, não esquecer que a indulgência para com os defeitos de outrem é uma das virtudes contidas na caridade.

O caminho inverso da rejeição está na capacidade de autoavaliação, de ter contato salutar com as próprias imperfeições, de estudar os defeitos alheios, sem usá-los para se defender, mas sim para tirar proveito e evitar o rumo que tais imperfeições possam causar na vida pessoal.

Deve-se tomar como lema que tudo o que o incomoda no outro é material de reflexão para entender a própria personalidade. A análise das imperfeições alheias deve ser redirecionada para a auto-observação, em um hábito a ser desenvolvido. É difícil ser indulgente sem confiar em seu semelhante, sem se sentir rejeitado por ele. A indulgência é isso, ser misericordioso, antes de tudo, consigo próprio.

Doutor Inácio Ferreira, um especialista na matéria das dores psicológicas, tem realizado um trabalho científico de vulto nas dependências do Hospital Esperança, estudando o átomo astral da energia da desconfiança. Em parceria com entidades guardiãs que detêm profundo domínio de magia, ele tem elaborado medicações e técnicas para dissipar os efeitos destrutivos dessa enfermidade no corpo físico e no duplo etérico, experimentando suas conquistas no homem encarnado, com excelentes resultados.

A desconfiança subtrai as conexões, as ligações entre as pessoas, e, por meio desse caminho interno, os corpos físico e etérico, especialmente no sistema musculoesquelético, são acometidos pelas típicas doenças que envolvem os ligamentos.

A autoconfiança é uma busca essencial das nossas habilidades, da nossa utilidade e do nosso valor pessoal na construção de uma existência digna e realizadora. Confiança é resultado de autoaceitação.

Quando aceitamos quem somos, não desistindo de sermos uma pessoa melhor, a vida começa a fluir e a roda do carma do aprendizado individual passa a girar.[2]

Aceitar é parar de resistir àquela parte de nós que recriminamos, acusamos e rejeitamos.

A medicação está nos exercícios contínuos de autoconfiança e autoaceitação que vão diluir essa "síndrome do impostor", da falsidade e da hipocrisia que perturbam a vida emocional quando nos sentimos desprezados, reprovados e discriminados.

A rejeição vinda de outra pessoa só encontra eco na nossa intimidade quando há autorrejeição, e, se ela está presente, relembremos que é um aviso de que estamos nos afastando do autoamor com o qual devemos nos acolher.

Repita sistematicamente as frases:

- Eu me aceito como sou.
- Eu confio em mim.
- Eu acredito em meus propósitos.

---

[2] A roda do carma é uma simbologia para expressar um processo dinâmico, que está sempre em movimento. Não aceitarmos quem somos e desistirmos de ser uma pessoa melhor traz analogia com a situação de manter uma vida sem progresso expressivo, repetindo ciclos sem progredir realmente e, numa abordagem simbólica, travando o giro da roda do carma.

- Eu tenho esperança na minha melhora.

- Eu me acolho e me amo profundamente.

Caso persista a dolorosa desconfiança, em relação a quem e por qual motivo for, utilize esta frase, citando o nome da pessoa no final, como neste exemplo: "Eu aceito... (cite o nome da pessoa)". "Eu confio em... (cite o nome da pessoa)".

Este é um importante exercício emocional. Confiar significa "fiar + com", isto é, estabelecer um vínculo de saúde emocional primeiramente consigo mesmo e, depois, com seu próximo.

A confiança em si mesmo e nas pessoas são vigorosos escudos de proteção da alma.

03

> "A tarrafa vibratória da solidão"

Para muitas pessoas é desesperador sentir solidão. E, entendamos que solidão não é estar sozinho, mas não se achar uma boa companhia, é sentir-se sozinho, independentemente de ter companhias.

A solidão se apresenta quando não há autoconexão, quando há um distanciamento da força pessoal. Ela traz em sua natureza uma compulsiva projeção do ser para fora de si próprio. É causa de intensa tristeza na alma, origem da grande maioria dos quadros de amargura e baixa imunidade no corpo físico.

Desconectado de sua grandeza e abundância, o espírito sente-se frágil, desnutrido, seco de emoções, sedento de alegria. Assim, passa a agir, desastrosamente, tentando aproximar as pessoas de si, quase sempre da pior forma possível, acabando por afastá-las ainda mais.

Com relação às provas que envolvem os passos de todos na esteira do tempo, vejamos um apontamento importante em *O livro dos espíritos*, questão 259:

> Do fato de pertencer ao Espírito a escolha do gênero de provas que deva sofrer, seguir-se-á que todas as tribulações que experimentamos na vida nós as prevemos e buscamos?
>
> Todas, não, porque não escolhestes e previstes tudo o que vos sucede no mundo, até às mínimas coisas. Escolhestes apenas o gênero das provações. As particularidades correm por conta da posição em que vos achais; são, muitas vezes, consequências das vossas próprias ações. [...].

A solidão é uma prova decorrente da postura milenar de abandono da nossa natureza divina. Os solitários sofrem as consequências de suas escolhas infelizes realizadas por várias reencarnações. Estando mais reclusos ou em plena convivência grupal, os solitários são atordoados pelas sugestões da sua dor, que não se cala um instante sequer em sua mente. As particularidades mencionadas na obra kardequiana são fruto dos condicionamentos do passado, que brotam no íntimo da própria criatura em forma de pequenas atitudes que surgem espontaneamente e são adotadas nas experiências do dia a dia.

Para contornar os feitos de semelhante quadro, a criatura solitária tem vários mecanismos doentios. O mais conhecido é suprir-se com uma companhia amorosa, para a qual gastará um mundo de energia e esforço para agradar e, por fim, aprisionar e dominar.

A solidão é uma das razões mais perceptíveis de encontro de sombrios na atualidade, uma vez que as pessoas assumem uma vida amorosa para amenizar o desgosto de estarem consigo mesmas. Esta colocação pode parecer muito forte, mas esta realidade é verdadeira.

Estamos tão acostumados a pensar que duas pessoas se interessam uma pela outra somente por conta do amor, que não analisamos outros aspectos essenciais no terreno dos elos da afetividade e das paixões.

Sem dúvidas, o amor sempre está presente, é a matriz emocional de atração que encanta, motiva e aproxima.

Entretanto, neste planeta de estágios espirituais primários no qual nos encontramos, esse sentimento não brota puro. Junto com ele, vem o sombrio do inconsciente e as carências e demandas pessoais, que encontram na pessoa amada uma forma de se escorarem, de se projetarem. É por isso que, tão frequentemente, há um encontro de sombrios nas relações humanas.

A energia da solidão motiva a necessidade de mimo e submissão, e a pessoa solitária acaba por atrair alguém que adora ser servidor. A bem da verdade, o solitário pode atrair qualquer tipo de perfil, por estar autodesconectado. Sua vibração pessoal principal passa a ser emitida pelo chacra cardíaco, onde "dói" essa emoção. Nesse quadro, o cardíaco pode ser comparado a uma enorme "tarrafa vibratória", uma rede que busca em volta de si todos os que possam, de alguma forma, aplacar sua sede de companhia e carinho, em regime de sintonia e simbiose.

Solitários podem ser atraentes, inteligentes e até amorosos, e são potenciais integrantes do grupo de risco que despenca na ladeira do mau humor e da agressividade, condutas emocionais opostas à amorosidade e à bondade nos relacionamentos. Quando conseguem disciplina sobre essas características e agem com afeto, tornam-se potenciais integrantes do grupo de risco dos ciumentos compulsivos.

De alguma forma, a dor-solidão vaza da alma em forma de comportamentos perturbados, muitas vezes não perceptíveis num primeiro momento. Não há como controlar suas manifestações e, com o tempo, o ser percebe-se triste e amargurado em função das experiências que experimenta.

A tristeza é um traço muito pertinente a pessoas que padecem dessa dor emocional, raiz dos quadros de amargura, azedume e agressividade. É, portanto, natural que seja esse o processo pelo qual a alma depura suas dificuldades e dores.

O amor é como uma pepita de ouro depositada no fundo do inconsciente, que, ao ser encontrada, é retirada com impurezas e muito material a ser reciclado. A pepita traz agarrada em si as pedras duras que representam o sombrio humano.

Não é o amor que faz sofrer, é esse sombrio que gera as crises, quando toma conta da relação de amor, sufocando os sentimentos e multiplicando os conflitos e os desentendimentos.

O amor não se acaba, mas o sombrio pode destruir a relação, intoxicando-a com mágoas, desrespeito e perturbações variadas. É por esse motivo que há tanta dor nas separações e nos momentos confusos de um relacionamento. O sombrio predomina e as pessoas não conseguem se desvincular umas das outras em bases equilibradas, porque estão se atacando, desesperadas, querendo salvar o afeto, sem ter noção de como fazer para alcançar esse objetivo.

Há algo de errado nisso? Não. É assim que deve acontecer. Nenhum amor vem pronto e acabado, e se alguém quer que ele supere o sombrio e ilumine esses traços que podem arruinar uma união, deve entender que os vínculos afetivos são uma escola com aprendizados intermináveis, e que amor algum pode garantir um relacionamento, se não cuidarmos das condições para que ele possa florescer em meio às sombras interiores que tentam sufocá-lo.

O caminho do equilíbrio passa pela formação de um vínculo com a natureza essencial do ser e foi interrompido em algum momento no trajeto das reencarnações. A cura vem de uma boa dose de autoconhecimento, de um mergulho nas descobertas a seu respeito, conquistando gradativamente a alegria de estruturar uma nova percepção da própria imagem.

Nessa perspectiva da alma, a solidão tem, também, uma ampla conexão com a formação da identidade pessoal, sendo necessário talhar um autoperfil mais nítido e claro, enaltecendo seus valores legítimos, sua bagagem de vida e sua inserção produtiva e estável em grupos sociais.

Há muitas pessoas que dizem sofrer de solidão porque não compreendem nem conseguem sentir a importância de estar consigo. Não sabem que esse movimento é muito gratificante. Há um conceito cultural negativo que faz da solidão um problema, quando nem sempre o é. Ela é um incentivo ao equilíbrio, quando se começa a descobrir os valores pessoais, e ter a si próprio como o motivo principal de suas alegrias e motivações para viver.

O desenvolvimento do autoamor, a melhoria progressiva do humor, o abrir mão da autoimagem mental e a busca por uma aproximação sincera e rica de afeto provocará reações alheias motivadoras de novas tentativas e retomadas na vida de relação. Pouco a pouco, os relacionamentos novos serão construídos, permitindo-se saborear o prazer das boas amizades e companhias.

Essa é a rota para superar a sensação de abandono e desamparo, já que a solidão nada mais é que a desconexão com sua luz interior.

04

> *O medo do abandono nos perfis controladores*

O medo é o desconhecimento de suas reais capacidades, habilidades e limites.

Onde há medo, podemos afirmar duas possibilidades: talento enterrado ou culpa não enfrentada e não resolvida.

O medo provoca muita angústia, uma vez que aponta para a necessidade de a pessoa se descobrir, e acarreta diversos percalços aos relacionamentos.

Pessoas que tentam controlar tudo e todos não querem ter contato com seus medos. É apavorante pensar que seus elos afetivos passarão por situações que fariam o controlador sofrer demasiadamente.

Muitos chamam de amor essa preocupação crônica com as pessoas de quem se gosta, mas muitas vezes ela é a manifestação do medo sistemático de que algo de ruim lhes aconteça.

Medo é um amor paralisado, amordaçado e exaustivo, a caminho de dores e doenças terríveis.

Pessoas que amam, confiam na capacidade e na competência de seus amores para viver e dar conta de suas próprias dores e de suas próprias escolhas.

O controlador é alguém que fica tentando, de formas sub--humanas, carregar em suas costas o peso que não lhe pertence. Com isso, emana a energia da impotência, do desvalor e da incapacidade sobre as pessoas que ama.

Nesse caso das relações humanas, o medo é a culpa que não foi enfrentada e resolvida. A culpa, quando não trabalhada, com o passar do tempo, vira medo.

Parece um contrassenso, mas não existe amor sem culpa.

A culpa é um sentimento cuja função é recriar as crenças que temos sobre os relacionamentos. Toda vez que algo não estiver em equilíbrio, ela vai apontar onde necessitamos rever a forma de nos relacionarmos com alguém, indicando que precisamos "pensar" o relacionamento. Ela só será tóxica quando não soubermos gerir essa sua função educativa, promotora de melhorias e limites na convivência. Quando não é enfrentada corretamente, tende a se apresentar como medos ignorados na vida emocional.

Das pessoas que sofrem com a ferida evolutiva do abandono, os portadores de medo crônico são os que apresentam maiores chances de se sentirem mais desprotegidos. Isso acontece porque eles afastam as pessoas de si, por desejarem controlá-las. Devido a um alto nível de insegurança, agem de forma compulsiva por monitoramento dos outros, expresso por meio de uma fiscalização atenta aos acontecimentos de suas vidas, impedindo o relaxamento da tensão na relação e uma vida com mais leveza.

Querem carregar o que não dão conta; ultrapassam todos os seus limites e se torturam com uma situação que não precisavam vivenciar. Acabam por incapacitar a si próprios nos seus esforços, ao ultrapassarem suas forças e capacidades.

É um dos mais complexos e sutis casos de autoabandono, já que a pessoa quer cuidar de todos, mas não consegue cuidar de si própria. O resultado é o cansaço extremo, a falta de energia para tudo, o desânimo com a vida, os maus-tratos pessoais transformados em rotas certeiras em direção aos quadros exaustivos de ansiedade.

Com seu alto nível de controle e ingerência na vida alheia, tornam-se pessoas pesadas nas relações, cobradores inflexíveis e, muitas vezes, cruéis.

Quando o controlador sente que algo está escapando de sua ilusória capacidade de domínio, sofre com níveis elevadíssimos de ansiedade, sendo esta uma das causas mais presentes em boa parcela dos casos agudos e crônicos.

Quem usa de muito controle pode conseguir evitar que algumas coisas ruins deixem de acontecer, mas quem deseja trabalhar pelo seu próprio bem e pelo bem alheio necessita aprender as habilidades que conferem estabilidade emocional nos relacionamentos diante dos problemas que, inevitavelmente, a vida apresenta.

Com controle é possível evitar maus acontecimentos, mas com estabilidade emocional é possível inspirar e influir decisivamente para que as experiências, boas ou ruins, se tornem grandes aprendizados e fontes de estímulo para amadurecer.

Ninguém tem o poder de controlar a vida de ninguém, especialmente os sentimentos alheios. A grande lição é amar a todos como são e aceitar os fatos, mesmo os desagradáveis, como eles acontecem.

O controle tem íntima relação com o medo de perder, de que algo ruim aconteça, de ser traído, de ficar pobre, de viver, de morrer, entre tantos outros.

Por conta de seus temores, os controladores organizam, em suas neuroses, verdadeiras artimanhas com as quais se sobrecarregam com intenso desgaste energético.

O equilíbrio propõe que se gaste energia fazendo o bem e não tentando evitar o mal. O compromisso com o bem proporciona relações amorosas. O controle é uma tentativa de domínio.

Interessante dizer que, com relação às suas atitudes, o controlador considera que todo esforço seu é um ato de amor. Não percebe que, no ato de querer controlar, não há amor, mas conflito, domínio e ansiedade.

No amor há fluxo, acontecimento, imprevisibilidade e realidade.

Amor é libertação. Controle é doença.

Amor é aceitação. Controle é medo.

A dificuldade de autopercepção das nossas atitudes é fato antigo e mereceu de Allan Kardec, em *O livro dos espíritos*, questão 919a, uma análise importante:

> [...] Quando estiverdes indecisos sobre o valor de uma de vossas ações, inquiri como a qualifi-

caríeis, se praticada por outra pessoa. Se a censurais noutrem, não na podereis ter por legítima quando fordes o seu autor, pois que Deus não usa de duas medidas na aplicação de sua justiça. Procurai também saber o que dela pensam os vossos semelhantes e não desprezeis a opinião dos vossos inimigos, porquanto esses nenhum interesse têm em mascarar a verdade e Deus muitas vezes os coloca ao vosso lado como um espelho, a fim de que sejais advertidos com mais franqueza do que o faria um amigo. [...] – Santo Agostinho.

A ausência de sinceridade é um dos efeitos da ação ilusória de controlar. E, nesta ilusão, ele não percebe que as pessoas à sua volta sentem-se pressionadas e constrangidas, e que ganha inimigos que o detestam quase espontaneamente. Não quer escutar ninguém, não tem abertura sequer para admitir que tenha essa indecisão citada por Santo Agostinho. Está convicto, firme em suas deliberações e forma de pensar, seguro em seu egoísmo, que nomeia como amor e altruísmo.

Observe em seus relacionamentos se as pessoas à sua volta não se sentem ofuscadas, coagidas e indispostas. Pode ser um sinal de controle. Procure saber o que pensam os que fazem parte da sua vida, inclusive os seus inimigos.

Isso poderá abrir uma janela de autoconhecimento a seu respeito. Aquilo que você já ouviu mais de uma vez da parte de diversas pessoas é um sinal que a vida está lhe mandando, para abrir seus olhos às realidades ainda ignoradas a seu próprio respeito. Ouça outras pessoas, aproxime-as de você, demonstrando abertura de visão e coração. Sua sensação de desamparo e seu medo de perder serão atenuados, e você será capaz de sentir que ninguém fica abandonado no universo.

05

> *A blindagem da aura afetada pelo abandono*

Com raríssimas exceções, vivemos de uma forma na qual a mente produz uma matéria mental tóxica, extremamente danosa à saúde orgânica e emocional. Essa matéria, além de produzida pela nossa mente, ainda é acrescida das que são produzidas por outras pessoas e demais ambientes.

Sem noção dessa produção e captação constantes, ficamos sujos e não "lavamos"[1] essa colônia de microrganismos que têm vida própria e se alojam no duplo etérico, agravando a natureza da aura, que é o escudo protetor de blindagem contra essas matérias mentais.

A aura, ao mesmo tempo em que é um resultado das manifestações dos corpos sutis, é também a couraça que blinda a interferência vinda de fora ou da mente. Funciona como um escudo com relação às energias externas e uma tela que permanece diante de cada chacra, como um exaustor para as emanações da vida mental.

A vida moderna está tão complicada que, mesmo que você faça uma limpeza semanal na aura, sete dias depois, dependendo dos fatores emocionais, principalmente, já é necessária nova limpeza.

Poucos de nós estamos aptos a viver mental e emocionalmente de maneira a evitar a formação dessa toxidade astralina em nossa aura e em nossa mente.

---

[1] Todas as providências que pudermos tomar para subir nosso padrão energético e vibratório são verdadeiros serviços de limpeza dessas colônias de microrganismos. Podemos mencionar a oração, o passe, a meditação, o *shiatsu*, o jorei, a comunhão, as bênçãos de forma em geral e as atitudes nobres, como a do perdão, da fraternidade, da misericórdia e tantas outras.

Todos estamos precisando, no mínimo uma vez por semana, desse banho energético para nos livrar de impurezas que são capazes, com o tempo, de gerar "uma segunda mente"[2] na órbita do duplo etérico, ou seja, uma colônia de microrganismos com vida própria.

Estudos recentes no Hospital Esperança, nas últimas duas décadas, realizados em desencarnados e em encarnados que se ofereceram para a pesquisa, no desdobramento do sono, mostraram claramente algumas das características encontradas em mais de 90% dos casos das doenças emocionais decorrentes da ferida do abandono.

Vejamos algumas delas:

A aura dos magoados é marcadamente composta por pequenos espinhos, saliências pontiagudas que irradiam um forte campo de energias com coloração marrom-avermelhado, com acentuada intensidade de calor. Observou-se que durante o contato dessas pessoas nos seus relacionamentos diários com amigos, familiares e afetos em geral, essas agulhas começavam a emitir um fulcro rotatório no sentido anti-horário, criando uma couraça no tom marrom. Esse movimento indicava recolhimento, abstração, autovitimismo e autoflagelação com as ofensas recebidas. Os efeitos danosos decorrentes podiam ser percebidos no corpo físico em forma de irritação, desvitalização, sufocamento respiratório e aumento da tristeza.

---
2 Essas colônias se tornam indutoras e mantenedoras das formas-pensamentos enfermiças no processo de fixação nos problemas e dificuldades.

A aura dos carentes foi examinada e foram constatados pequeninos buracos ao longo de toda a sua estrutura, que facilitavam a entrada da toxicidade do ambiente externo e a de outras pessoas. Com observações mais detalhadas, notou-se que naqueles orifícios existia uma força de sucção que puxava para dentro tudo que encontrava. As áreas do intestino e estômago eram as mais afetadas, uma vez que era ali descarregado tudo que era sugado de fora.

A aura dos solitários se parece com uma pele de jacaré, com placas duras e serrilhadas, que incham quando os níveis de solidão causam muita dor. Igualmente, nesses gomos energéticos, pode-se perceber a presença de uma força de sucção, com a diferença de que os materiais tóxicos absorvidos são enviados diretamente à região do cérebro, interferindo drasticamente nos neurônios e no sistema nervoso.

A aura dos portadores do medo crônico parece uma pele recoberta de acnes inflamadas, que inflam e desinflam, seguindo o ritmo do movimento respiratório. Ela emana uma energia quente, de cor alaranjada intensa, e não absorve a matéria tóxica do ambiente, de outros ansiosos, ao contrário, ela a tritura como se fosse portadora de um filtro. E, enquanto isso ocorre nos ansiosos, uma dose muito elevada de energia vital é utilizada na tarefa de trituração, causando sobrecarga no sistema de forças e diversas dores físicas, a caminho dos quadros de fibromialgia e formação de bolsões energéticos.[3]

---

3 Os bolsões energéticos são núcleos de energia negativa que se formam em certas partes do corpo em função de sentimentos ruins, como mágoa, raiva, tristeza etc. e que, se permanecerem sustentados por estes sentimentos por muito tempo, provocarão doenças físicas e psíquicas.

As auras nesses estados são responsáveis por um ônus adicional nas nossas lutas interiores, uma vez que expiamos a dor do abandono e sentimos um profundo desamparo na vida.

Somente com uma dedicação constante ao processo de educação emocional focado na amorosidade é que obteremos melhores condições no campo energético para realizar a desejada blindagem.

Até que isso aconteça e possamos recolher frutos mais expressivos da nossa melhora interior, sugerimos que se faça o estudo e a prática do Pai Nosso, como nos orienta *O Evangelho segundo o Espiritismo*, 28, item 2:

> Os Espíritos recomendaram que, encabeçando esta coletânea, puséssemos a Oração dominical, não somente como prece, mas também como símbolo. De todas as preces, é a que eles colocam em primeiro lugar, seja porque procede do próprio Jesus (S. Mateus, 6:9 a 13), seja porque pode suprir a todas, conforme os pensamentos que se lhe conjuguem; é o mais perfeito modelo de concisão, verdadeira obra-prima de sublimidade na simplicidade. Com efeito, sob a mais singela forma, ela resume todos os deveres do homem para com Deus, para consigo mesmo e para com o próximo. Encerra uma profissão de fé, um ato de adoração e de submissão; o pedido das coisas necessárias à vida e o princípio da caridade. Quem a diga, em intenção de alguém, pede para este o que pediria para si.

O estudo atento das anotações desta obra vai oferecer conteúdos que vão ajudar em uma meditação mais profunda para que a oração dominical seja feita em forma de técnica de reequilíbrio energético, produzindo maior vigor para o campo áurico.

No mundo físico, existem vários estudos e técnicas recomendando a aplicação da oração do Pai Nosso correlacionando cada parte com um chacra. O aprofundamento do tema poderá ensejar uma iniciativa oportuna de autodefesa psíquica e energética de raro valor.

Além disso, a referida limpeza, citada no início do texto, contribuirá, também, com uma saúde espiritual melhor.

A aplicação contínua, seguida das mudanças interiores necessárias, vai alterar o padrão vibratório, criar imunidade e força para a caminhada ante nossas provas e aprendizados.

06

> *A aura da amorosidade*

A amorosidade, como estado de espírito e conduta de quem sintoniza a frequência do amor, cria o estado interno de coerência e serenidade que se expressa em forma de conduta afetuosa. É fruto de um sólido bem-estar com você mesmo.

Pode ser definida como sendo a aplicação da energia deste sentimento; é uma vibração operante com nascentes psíquicas e emocionais. A amorosidade é atitude, comportamento que resulta desse estado interior rico de afeto.

Conquanto resulte de um conjunto de variadas experiências da alma, há três caminhos evolutivos principais a serem conquistados para se esculpir a conduta de amorosidade: empatia, gratidão e autenticidade.

Na faixa vibratória da empatia, as pessoas têm mais disposição de servir e se tornam um repositório de afetividade, nutrindo-se com o prazer da generosidade e alcançando ampla disposição de acolher e entender o seu próximo.

No clima da gratidão, encontram-se pessoas com um olhar mais justo, resultado de uma forma de viver harmoniosamente com a emoção da raiva, de ser capaz de aplicar o perdão nas suas relações, como fruto de uma compreensão maior.

No ambiente da autenticidade, estão as pessoas que têm coragem de ser quem são, de permitir que sua melhor parte se expanda na direção do aprimoramento interior, sem medo de ser ou não amadas pelo que são e pelo que fazem.

Pessoas amorosas são definidas emocionalmente, se sentem bem ou mal diante das experiências da vida e não mais ou menos. Têm posturas bem determinadas internamente, com relação aos seus sentimentos, resultado de um estado de paz relativa já conquistado.

Por serem empáticas, penetram com sabedoria na realidade alheia sem a ilusão imediatista de querer livrar os outros daquilo de que lhes faz mal nem de carregar para si as experiências que lhes pertencem. Não se constrangem com as conquistas e merecimentos amealhados pelo seu próximo, ao contrário, demonstra alegria com seus êxitos.

Por serem gratas, envolvem-se em uma energia sadia de alegria espontânea e constante positividade diante dos tropeços e das lições do caminho.

Por serem autênticas, usufruem da vitalidade de sua verdade pessoal, manifesta e pulsante como sua forma de ver e sentir a vida, sem a necessidade de impor isto a ninguém.

Os traços da amorosidade são reconhecidos por todos, uma vez que trazem um magnetismo que contagia e permite a leveza. Elas se expressam por meio de palavras que soam bem aos ouvidos, por atos que detêm suavidade nas suas vibrações. Transmitem uma amabilidade que encanta, uma docilidade no modo de ser e hábitos gentis. Possuem um humor que dilui ambientes carregados e têm na leveza a marca moral e vibracional que pode representar as pessoas amorosas que trafegam pela vida na faixa da fraternidade legítima, conforme nos traz *O livro dos espíritos*, na questão 886:

> Qual o verdadeiro sentido da palavra caridade, como a entendia Jesus?
>
> Benevolência para com todos, indulgência para as imperfeições dos outros, perdão das ofensas.

A benevolência incondicional, a imparcialidade no julgamento e o reto entendimento das faltas alheias são estradas de acesso à conduta amorosa e terna que se constituem na verdadeira alma da caridade.

Na amorosidade, há coerência interior e o ego fica submetido à força vibracional do coração. Nela, não há a necessidade em ser reacional, de defender-se. A pessoa convicta de seus valores se torna inabalável aos julgamentos e às ameaças. Por isso mesmo, não são hostis em defesa de si próprias, não sentem essa necessidade que é compulsiva na grande maioria das pessoas. Estão de bem consigo, se bastam, se preenchem com o autoamor e são protegidas por essas mesmas energias que formam um escudo que as impede de se ferirem ou se desarmonizarem como as demais pessoas.

Empáticas, elas se abrem para o outro como são, sem exigências ou cobranças.

Gratas, elas são portadoras de um humor contagiante e penetrante.

Autênticas, elas sabem como se defender e influenciar a verdade no outro.

A formação da aura que se projeta do estado de amorosidade é a cura do autoabandono.

07

> "A cura da ferida do abandono pela educação emocional"

Viver amorosamente é um estado emocional interno que resulta do amadurecimento emocional adquirido nos desafios característicos das experiências relacionais.

Pessoas amorosas trazem valores conectados às experiências de quem superou armadilhas e dores das lesões do autoabandono.

Os estados de carência, quando superados, desenvolvem ampla capacidade de autonomia e autoamor, proporcionando a agradável sensação de autopertencimento, uma vez que houve o autoencontro que mata a saudade de si próprio. Estando em profundo relacionamento de satisfação com quem se é, pode-se viver com mais benevolência, compreensão e respeito a tudo e a todos, distanciando-se das cobranças. A sensibilidade para o amor passa a expressar-se com equilíbrio, é rica de amabilidade e ternura.

Quem supera o sentimento de rejeição aprende os caminhos para a autoaceitação, mesmo identificando seus limites e dificuldades, alcançando a confiança que lhe permite a valorização pessoal e o desenvolvimento da honestidade emocional. Torna-se sincero com si mesmo e com os outros, admitindo suas imperfeições com carinho, tudo fazendo para melhorá-las, recusando, porém, as críticas e os julgamentos inadequados. Torna-se muito acolhedor e afetivo, com elevado nível de alteridade.

Quem vence os estados de solidão torna-se uma boa companhia para si próprio e busca sempre a autoconquista.

Estabelece uma conexão positiva com seu lado sombrio e toma posse dos seus valores e talentos. Sente-se estimulado a progredir e acaba sendo um grande incentivador dos outros. Não adota as acusações, entendendo que isso é falta de respeito e domínio pessoal.

Quem supera seus medos descobre talentos extraordinários ao enfrentá-los, iniciando o processo do autoconhecimento e a coragem para o autoenfrentamento, sem fugir às lutas. Torna-se exemplo de determinação, transmitindo muita segurança na convivência.

Esse amadurecimento está na habilidade em fazer um contato saudável com a sombra inconsciente e na gestão inteligente das reações emotivas a tudo que vem das pessoas e dos acontecimentos.

A cura da ferida do abandono está em entender que as suas expressões dolorosas acontecem por desleixo e falta de vontade firme em focar na luz interior, uma vez que as virtudes e qualidades ainda não desenvolvidas para o bem estão escondidas sob o peso das lesões.

O carente é alguém com largo potencial para ser amável.

O rejeitado é alguém prestes a entender que sua imperfeição é a melhor indicação de que há valores dos quais não se apropriou.

O solitário guarda em si talentos sociais nobres a serem lapidados.

O medroso é alguém chamado a tomar posse de talentos que desconhece.

Todos os quatro rumam para o autoamor, a amorosidade que os habilitará a ser cuidadores ativos e conscientes de si próprios, envolvidos nessa frequência de viver com bondade na conduta.

Isso lhes permite leveza no falar, ampliação da assertividade e empatia espontânea, conseguindo manter certa neutralidade diante de suas próprias reações. São naturalmente acolhedores sem distinção, destacam o melhor do seu semelhante e encontram motivos lúcidos para cada acontecimento. Por essa razão, tornam-se pessoas com foco privilegiado no melhor de tudo e de todos, usando muita maleabilidade, respeito e otimismo com cada pessoa, em um diálogo sadio com os diferentes e suas diferenças. Desenvolvem uma larga inteligência emocional.

Esses quesitos podem parecer habilidades de anjos, mas são conquistas talhadas por pessoas comuns, que se interessam em ser alguém melhor para si e para o próximo.

Uma pessoa madura emocionalmente oferece solidez aos seus relacionamentos, enriquecendo a convivência com posturas nobres, tais como: ter reconhecimento e alegria com o brilho alheio, não reclamar das dificuldades, manter humor estável, desenvolver afetuosidade nos gestos, buscar a discrição perante as faltas alheias, dizer o "não" sem agredir, entender as razões dos equívocos alheios, fazer o bem seja a quem for e outras tantas formas elegantes de tratar e colaborar com o seu próximo.

Se já nos encontramos atraídos pelas propostas abençoadas de reforma íntima à luz do Espírito imortal, amadurecer emocionalmente é a alma do processo de melhora pessoal. Aplicar o Evangelho e a Doutrina Espírita, verdadeiramente, significa viver relacionamentos maduros e duradouros, usar nossa capacidade emocional para criar o bem na convivência. Renovar é educar e educar é aprender, sobretudo, a lidar com nossas próprias emoções. Nisso reside a evolução do ser e a educação emocional que cura e eleva nosso patamar espiritual. Uma pessoa elevada espiritualmente é aquela que aprendeu a gerir com sabedoria seus próprios sentimentos e o seu mundo interno.

Estamos cientes dos grandes desafios dos nossos irmãos encarnados que, depois de vidas sucessivas na religião de superfície, estagiam hoje nos grupos doutrinários, buscando a própria melhora. É evidente que o passado pesa, sobremaneira, nas provas e expiações de cada um, repleto de soberba intelectual e de infantilidade emocional.

Nossa campanha é para que o autoamor se torne o tema emergente nos centros espíritas, conforme a proposta de Jesus. Uma educação emocional centrada na alma.

Pessoas maduras emocionalmente amam muito a si mesmas e se envolvem na energia da amorosidade, espalhando vibrações vitalizadoras e calmantes.

A amorosidade é a flor mais linda e perfumada no jardim do amadurecimento espiritual. Liste quantas qualidades e valores quiser na área das conquistas humanas e a amorosidade estará acima de todas elas, porque resume a aplicação do amor no que ele tem de mais essencial e puro. Pessoas maduras espiritualmente são reconhecidas por suas transformações emocionais e pelos gestos de bondade que adotam na convivência.

O livro dos espíritos nos revela que são os "caracteres do homem de bem" que refletem o homem maduro emocionalmente. É um estudo fascinante do qual recolhemos, na questão 918, essa pérola:

> Verdadeiramente, homem de bem é o que pratica a lei de justiça, amor e caridade, na sua maior pureza. Se interrogar a própria consciência sobre os atos que praticou, perguntará se não transgrediu essa lei, se não fez o mal, se fez todo bem que podia, se ninguém tem motivos para dele se queixar, enfim, se fez aos outros o que desejara que lhe fizessem. [...]

A maturidade emocional revela-se na capacidade de investigar a consciência mediante os conflitos que saltam aos olhos da alma. Neles, existe uma batalha entre a sombra e a luz, com o objetivo de gerar um novo homem, com melhores e mais valorosas características emocionais, morais e espirituais. E é por meio dos sentimentos que o homem tem acesso à sua própria consciência. Ela fala por eles. Escute seus sentimentos!

08

> "A geração construtora da amorosidade"

No Hospital Esperança, na década de 1980, uma intensa campanha foi organizada pelo nosso tutor Eurípedes Barsanulfo, pelo amparo aos dirigentes e trabalhadores da doutrina espírita.

Frente às ilusões que tomavam a mente e o raciocínio de muitos companheiros da lide doutrinária, organizou-se uma conferência no salão do hospital.

Milhares de benfeitores que guardavam laços e interesses relativamente à causa do Espiritismo ouviriam a palestra de dona Maria Modesto Cravo sobre a "Geração da Amorosidade".

Tudo pronto, feita a oração, ela começou:

— O planejamento para a implantação das ideias espíritas no planeta obedece a um detalhado programa estabelecido pelas equipes superiores, que zelam pelo futuro da humanidade.

Em verdade, esse plano para as ideias da doutrina está inserido dentro de algo muito maior, que é a espiritualização das sociedades humanas, o que ocorrerá pelos seus mais variados caminhos.

A primeira geração de espíritas que reencarnou entre 1857 - data do surgimento da doutrina na França - e 1930, regressaram ao corpo carregando pesada soma de culpa, em função dos patrimônios morais e materiais dilapidados na história das religiões. Eles fizeram parte do movimento astral denominado "transplante da árvore evangélica para o Brasil".[1] Sua visão de mundo e de ideais religiosos foi profundamente influenciada por uma herança cultural congestionada de tradições e formalismos. Por essa razão, no início do século 20, em plenas terras brasileiras, tais companheiros encontraram alívio e estímulo para caminhar por meio da concretização de obras sociais de largo porte e no contato marcante com o mundo espiritual por meio de materializações, curas e fenômenos raros na mediunidade. Essa geração estabeleceu o período da caridade e do socorro espiritual no seio da comunidade espírita.

Chico Xavier, obedecendo a um planejamento muito cuidadoso do Espírito Verdade, reencarnou nesse grupo com objetivos sublimes de ser referência moral e para incentivar a fé na imortalidade da alma. Ele sensibilizou os espíritos que foram direcionados a regressar no Brasil com planejamento detalhado para entrar em contato com as luzes do Espiritismo. Claro que o médium mineiro tinha em seu projeto outros objetivos de proporções sociais e planetárias, muito além desse propósito. Sua presença marcante e modeladora dos costumes cristãos e sua mediunidade incomparável foram, para o grupo da primeira geração de espíritas, um farol de iluminação redentora e uma força de libertação voltada para os assuntos do Evangelho do Cristo.

---

[1] Tema esclarecido com detalhe em *Os dragões*, autoria espiritual de Maria Modesto Cravo, psicografado por Wanderley Oliveira - Editora Dufaux.

A segunda geração de espíritas que começou a regressar ao corpo físico após 1930 já encontrou a sociedade em plena era de desenvolvimento, com o crescimento da tecnologia do rádio e da televisão. Iniciava-se de forma irreversível a era da cultura e da difusão. Os livros mediúnicos de Chico Xavier enriqueceram o cabedal de conhecimentos espirituais das obras básicas de Allan Kardec, e o espírita dessa geração, além de se ocupar com iniciativas de caridade em obras de generosidade social, priorizava também o estudo e a cultura espírita.

Essa segunda geração que reencarnou no seio da Doutrina Espírita, em terras brasileiras, era composta por espíritos com dilatada capacidade de zelo filosófico. Tiveram repetidas vivências nas ordens religiosas tradicionais. Seu senso de fidelidade aos conceitos doutrinários é embasado em uma fé dogmática e sua postura diante desse costume de lealdade aos conceitos é acompanhada por comportamentos de rigidez e acentuada soberania nos pontos de vista. Almas com profunda sede de saber, embora com os corações ainda aprisionados ao sentimento de orgulho e vaidade.

Hoje, boa parte desse grupo ainda se encontra na vida corporal, orientando e dirigindo organizações espíritas e obras sociais vultosas. Cumpriram com seus objetivos nobres perante suas próprias consciências. Muitos deles chegarão ao mundo espiritual mais harmonizados do que quando partiram para o plano físico.

A primeira geração foi composta pelos sedentos por sossego interior diante dos golpes duros da culpa. A segunda foi marcada pelos que carregavam compulsiva necessidade de reconhecimento e se identificaram de tal forma com as atividades doutrinárias que, muitas vezes, se deixaram levar por concepções de grandiosidade espiritual na execução de suas tarefas espíritas.

Na primeira geração encontramos os espíritos com traços psicológicos de remorso e angústia. Na segunda, o traço psíquico predominante é a baixa autoestima e uma acentuada tendência para atitudes do ego, que se manifestam com o conhecimento e o volume de informações espirituais.

A terceira geração de espíritas começou a regressar ao Brasil por volta de 1980. Alguns deles são espíritas que já estiveram na primeira ou na segunda geração, são os espíritos de segunda ou até mesmo de terceira vez. Outros, nunca tomaram contato com o Espiritismo, embora tenham larga bagagem com o espiritualismo, envolvendo-se, sobretudo, com experiências ocultistas, atuando como servidores preparados para trabalhar por conceitos mais universalistas.

Essa terceira geração tem por tarefa o desenvolvimento do afeto e a humanização, buscando ir além dos movimentos sociais e dos estudos; são corações que priorizam o relacionamento afetivo e a fraternidade legítima. Trazem na alma uma sede de conexão humana, de proximidade relacional.

É natural que se observe essa linha de planejamento. Na caminhada evolutiva, o autoamor só começa a despontar depois que o espírito consegue desatar os nós da culpa e da vaidade em sua vida mental. E, sem ele, a sensibilidade não se volta para uma conduta mais amável e rica de amorosidade.

A humanização nada mais é que a bandeira de fundar uma nova era na seara espírita, na qual o afeto ganhe expressão de valor essencial na formação de relacionamentos sadios e duradouros, fraternos e realistas, nos quais a soberba e a rigidez sejam superadas pela cortesia e amabilidade, ternura e alteridade.

Depois de prolongados esforços da primeira e da segunda geração nos aprendizados da caridade e da cultura, esses espíritos se encontram mais aptos a trazer sua bagagem para o terreno do afeto verdadeiramente sentido e aplicado. É no campo dos relacionamentos que a nova era de suas movimentações se efetiva. Eles usaram a sensibilidade desenvolvida nos serviços sociais e o fortalecimento da estima pessoal para se tornar melhores pessoas na convivência.

Podemos, assim, resumir essas três etapas:

1ª geração: obreiros da caridade – superação da culpa.

2ª geração: modeladores do pensamento – vitória sobre o orgulho.

3ª geração: construtores de relacionamentos – desenvolvimento e aplicação do afeto.

Essa geração nova será a fundadora de uma era mais pacífica na seara espírita e faz parte de um grande plano do Cristo pela humanização do planeta.

Cuidemos com muita atenção e carinho de todos eles, que terão embates necessários, em função da inflexibilidade que ainda vigora nas casas doutrinárias. Compete-nos orientá-los com muita atenção por carregarem a esperança em melhores caminhos para a nossa causa. Essa é a geração da amorosidade, sobre a qual depositamos largas fatias de responsabilidade para um futuro de bênçãos e longevidade para o Espiritismo na Terra.

***

Assim que dona Modesta encerrou sua fala, todos sentiram os desafios que nos aguardavam.

Já se passam quase quatro décadas da palestra e hoje estamos vivendo a Era da Amorosidade como uma semente viçosa de esperança que começa a florescer, enchendo o nosso coração de alegrias e gratidão pelos esforços que sempre constroem caminhos abundantes e promissores para o bem de todos e para a causa que nos une.

Após o encerramento da palestra, foi lida uma nota de Allan Kardec, de *O livro dos espíritos*, questão 798, que se tornou referência nos nossos serviços espirituais:

As ideias só com o tempo se transformam; nunca de súbito. De geração em geração, elas se enfraquecem e acabam por desaparecer, paulatinamente, com os que as professavam, os quais vêm a ser substituídos por outros indivíduos imbuídos de novos princípios, como sucede com as ideias políticas. Vede o paganismo. Não há hoje mais quem professe as ideias religiosas dos tempos pagãos. Todavia, muitos séculos após o advento do Cristianismo, delas ainda restavam vestígios, que somente a completa renovação das raças conseguiu apagar. Assim será com o Espiritismo. Ele progride muito; mas, durante duas ou três gerações, ainda haverá um fermento de incredulidade, que unicamente o tempo aniquilará. Sua marcha, porém, será mais célere que a do Cristianismo, porque o próprio Cristianismo é quem lhe abre o caminho e serve de apoio. O Cristianismo tinha que destruir; o Espiritismo só tem que edificar.

09

"Relacionamentos energéticos"

Pense em um eixo mentoeletromagnético que se estabelece do alto da cabeça aos pés, passando pelo centro do corpo físico, lembrando muito a espiral da cadeia genética de DNA, em constante movimento de descida e subida dos pés à cabeça. São ondas de força da alma, formadas pela aglutinação de variáveis campos de energia que trabalham em ressonância, como uma peça de engenharia etérica. É o eixo de alinhamento cósmico da alma que agrega os corpos sutis, em torno do qual podemos encontrar todas as manifestações da mente.

Tomemos esse eixo como a coluna astral de sustentação onde se operam todos os reflexos das alterações emocionais e mentais. Quaisquer desequilíbrios nos chacras, provenientes das infinitas formas de interação com o meio, são registradas nesse eixo como inchaços, coloração alterada, alteração na velocidade de movimentação dos chacras, fracionamento (projeção) de corpos, perda ou ganho de vitalidade e vários outros quadros de desalinhamento ou alinhamento.

A ferida evolutiva do abandono está localizada nesse eixo, irradiando aquilo que ficou gravado nos recessos profundos da mente, em várias experiências corporais, nas vidas sucessivas.

É daí que vem a dor do vazio existencial provocado pela rejeição, pelo medo, pela solidão e pela ansiedade. É nos relacionamentos, na troca de palavras e emoções que são verificadas as maiores alterações cicatrizantes ou agravantes dessa ferida.

Qualquer contato que você tenha com alguém envolve incalculáveis movimentos nesse eixo. Quanto mais proximidade afetiva, mais as possibilidades se multiplicam.

Os campos energéticos são forças ignoradas pela maioria dos encarnados e são determinantes nos relacionamentos. Ultrapassam o poder da palavra, do olhar, dos gestos e de todas as manifestações corporais que compõem o quadro das permutas humanas, porque antecedem estes contatos, estão presentes durante eles e permanecem depois.

Se você vai a uma casa na qual a egrégora[1] daquele lugar está marcada por relacionamentos opressores e sufocantes, poderá sentir-se desconfortável, sem ar, uma inquietude pode tomar conta do campo energético da sua aura, que é o termômetro de alerta, avisando que algo ali necessita ser saneado e reorganizado.

Um relacionamento amoroso encerrado há décadas, mesmo que os parceiros não se encontrem, mantém um intercâmbio por meio de fios invisíveis, que podem variar de uma troca singela e agradável de vibrações até energias ruins, que podem adoecer um ao outro em função de mágoas e outros quadros emocionais enfermiços.

O corpo mental inferior de uma mãe preocupada com seu filho na viagem de férias ou daquele marido atormentado por uma fantasia de traição da esposa é

---

[1] Egrégora é como se denomina a força espiritual criada a partir da soma de energias coletivas (mentais, emocionais), fruto da congregação de duas ou mais pessoas. É a aura coletiva de um grupo.

projetado com facilidade, deslocando-se em direção ao alvo daquilo que domina os seus pensamentos, interferindo negativamente nos relacionamentos e pesando a convivência com campos energéticos com vida própria que se transformam, com o tempo, em pavorosas colônias bacterianas astralinas.

Dois colegas trocando farpas mentais persistentes no trabalho formam e alimentam agentes astrais microbianos. Esses pequenos monstros etéricos se deslocam para a matéria pelo sistema endócrino e podem produzir, rapidamente, alterações orgânicas imprevisíveis e incalculáveis, conforme a imunidade e o grau de saúde de cada pessoa.

O homem consciente do futuro fará relacionamentos mais empáticos e sensitivos, nos quais prevaleça a vibração mais do que o que se fala ou o que se faz.

Relacionamentos são frequências. Emoções e pensamentos são a essência da simpatia e da antipatia, dos pressentimentos e das reações diante de alguém. Laços energéticos preponderam a quaisquer manifestações da convivência humana. Ainda há muito que se aprender a esse respeito, como podemos verificar em *O livro dos espíritos*, questão 388:

> Entre os seres pensantes há ligação que ainda não conheceis. O magnetismo é o piloto desta ciência, que mais tarde compreendereis melhor.

A frequência da rejeição, da solidão, do medo e da ansiedade são registros sutis da alma, com base na natureza dos códigos cósmicos do seu eixo invisível, nas profundezas da alma.

É assim que o ser carrega em si todo o conjunto de suas conquistas e perdas na viagem das reencarnações, visando rever seu aprendizado no corpo físico por meio de renovadas atitudes com seus irmãos de caminhada.

10

> "Inadequação, uma dor silenciosa"

A dor de não ter uma relação de pertencimento a um lugar, a uma família, ao corpo, ao trabalho, à sociedade, acompanha diversos espíritos que regressam à matéria. Mais que um processo de adaptação à nova existência, é também um marcante sintoma de frágil identidade psicológica, um dos efeitos da ferida do abandono nas telas sutis da alma.

Essa identidade psicológica significa a sua digital espiritual, isto é, aquilo que você é na sua essência. Ela é construída em milênios e você toma contato com ela pelo autodescobrimento, conforme amadurece emocional e mentalmente.

A sensação de não pertencimento tem uma estreita relação com essa identidade psíquica. Quando ela não está organizada de forma sólida, é produtora de conflitos internos severos. Duas principais emoções criam um angustiante padecimento nesses quadros: a solidão e a rejeição.

Sem essa organização, a pessoa se sente inadequada porque não sabe quem é, o que quer da vida e qual a razão de sua passagem pela existência. Isso gera vários clichês mentais que subtraem a fé e a esperança na vida: "será que preciso disso?", "será que devo fazer aquilo?", "o que gostaria de ser?", "o que estou fazendo nesse lugar?", "para que nasci?", "não sei o que fazer nessa vida".

Os questionamentos são infindáveis e podem ser a respeito da vida, da sociedade, do corpo, da família, dos valores, da forma de se comportar e outros mais.

Essa inadequação surge em meio a muitas questões que expressam a insatisfação e a inconformação da pessoa com o ato de viver. Afetam, sobretudo, seus relacionamentos.

Não sabendo se definir, o que quer e o que acontece consigo, ela se sente fora dos contextos, diferente e discriminada. E, quase sempre, por esses motivos, sente-se inferior e muito desajustada. Na sua visão aprisionada, acha que somente consigo está acontecendo essa inadequação.

No fundo de tudo isso está um ser em evolução procurando se encontrar, desejoso de se ajustar, de ser igual ao que os outros parecem ser.

A inadequação é uma dor silenciosa. Quase ninguém fala dela, mas muitos a experimentam, acusam-se e censuram-se, criando uma dilacerante emoção de cobrança para ser o que os outros esperam que eles sejam, ou, então, partem para o outro extremo, em atos de agressividade e revolta com o mundo diante da dor experimentada.

Não estando internamente organizada, a pessoa projeta nos outros a sua dor e procura explicações nas atitudes alheias. Isso pode ser a causa de inúmeros dissabores, como perda de emprego, relacionamentos frustrados, brigas em família e outros desentendimentos da não adaptação. No entanto, essa projeção não aplaca o sofrimento íntimo de não pertencer, de não ser valorizado e reconhecido, e a mensagem mais profunda na alma é: "não sou amado".

Essa sensação de não pertencimento pode ter outras razões, especialmente em crianças e adolescentes. E mesmo em adultos pode apresentar variáveis. Por ser tão silenciosa, poucos sabem que multidões experimentam essa emoção.

Se você está passando por isso, não é o único nessa expiação interior. Os profissionais da saúde mental conhecem bem o quadro. A inadequação, além de ser um desajuste psicológico, pode ser considerada uma enfermidade grave da alma, de acordo com *O livro dos espíritos*, questão 574:

> Qual pode ser, na Terra, a missão das criaturas voluntariamente inúteis?
>
> Há efetivamente pessoas que só para si mesmas vivem e que não sabem tornar-se úteis ao que quer que seja. São pobres seres dignos de compaixão, porquanto expiarão duramente sua voluntária inutilidade, começando-lhes, muitas vezes, já neste mundo, o castigo, pelo aborrecimento e pelo desgosto que a vida lhes causa.

Já em outras vidas foram plantadas as sementes da inutilidade, da preguiça, da vida farta sem objetivo e corroída de avareza, da ausência de ideais humanitários no coração de quem despenca nessa dor de ser impróprio a todo um contexto de vida sobre o qual lançou escárnio e desrespeito. Hoje, colhe os frutos dessa sementeira de descaso e indolência.

Todos temos um lugar neste planeta e nos planos divinos. O renascimento na matéria é o aval do Criador dizendo: "Vá, faça de novo, faça melhor". O fato de você ser diferente, pensar diferente e se sentir diferente pode levá-lo a grandes realizações. Mergulhe nessa dor e descubra seus talentos. Em vez de recriminar e brigar com os outros e consigo próprio, persista em buscar e talhar sua escultura pessoal, seu modo de ser único, sendo verdadeiro e acolhendo seus sentimentos de inadequação. Procure entender seus limites, suas qualidades e, pouco a pouco, conhecendo melhor a si próprio, vai entender com mais clareza as suas angústias e os seus desconfortos perante o mundo. Há um recado curativo e transformador na sua sensação de não pertencimento. Descobrir isso vai leva-lo a grandes conquistas.

Em boa parte desse processo, sua inadequação é um convite para você aprender a se amar, aceitando-se e aprovando-se, independentemente do que o mundo fale ou pense a seu respeito. Repita isto todos os dias:

> Eu sou assim. Sou uma singularidade, um ser único. É isso que realmente sou. Tenho consciência de que não agradarei a todos nem preciso ser aceito e aprovado por todos. Alguns, inclusive, odiarão minha exclusividade. Eu, porém, aceito e acolho que posso errar e ser inadequado. Tomarei tudo isso como um recado para estar ao meu lado e me apoiar cada dia mais.

11

> "A ansiedade pode ser um sintoma de relacionamentos tóxicos"

A ansiedade é um transtorno que acomete multidões no mundo inteiro. Uma doença cujas causas são múltiplas e, algumas vezes, de difícil diagnóstico. Além de fatores orgânicos circunstanciais, genéticos e sociais, existem componentes energéticos na formação de quadros ansiógenos.

O componente emocional principal, mas não o único presente nessa dor, é o medo, seja do que for, que altera significativamente o campo da aura e do duplo etérico. Portanto, a ansiedade é produtora de um campo de energias e determina uma frequência na qual você passa a viver.

Um dos comportamentos mais frequentes para gerar esse campo vibracional é o de ultrapassar seus limites de resistência com relação à quantidade de forças que sua vida mental pode suportar. Esse limite pessoal, ao ser ultrapassado, passa a gerar um estado de obesidade energética – que nada tem a ver com obesidade física – no qual você carrega energias que não lhe pertencem e não são úteis ao seu caminho de evolução espiritual. Nos chamados relacionamentos tóxicos, isto acontece com mais frequência. Com relação a este sobrepeso energético, podemos buscar recursos para ampliar nossas reflexões em *O livro dos espíritos*, questão 633:

> A regra do bem e do mal, que se poderia chamar de reciprocidade ou de solidariedade, é inaplicável ao proceder pessoal do homem para consigo mesmo. Achará ele, na lei natural, a regra desse proceder e um guia seguro?

Quando comeis em excesso, verificais que isso vos faz mal. Pois bem, é Deus quem vos dá a medida daquilo de que necessitais. Quando excedeis dessa medida, sois punidos. Em tudo é assim. A lei natural traça para o homem o limite das suas necessidades. Se ele ultrapassa esse limite, é punido pelo sofrimento. Se atendesse sempre à voz que lhe diz — basta, evitaria a maior parte dos males, cuja culpa lança à Natureza.

Todos os excessos criam registros energéticos na aura e no duplo etérico, estabelecendo frequências que, por sua vez, criam efeitos indesejáveis na saúde vibracional do ser, atingindo outros corpos sutis como perispírito e corpo mental inferior.

Essa obesidade ou excesso energético nos relacionamentos tóxicos ocorre quando você puxa para si as responsabilidades e os problemas que são dos outros, que compete aos outros resolverem.

A chave que abre a porta para esse comportamento é a culpa. Nos relacionamentos humanos, a culpa é a maior vilã de energias que pode existir. Medo e culpa formam uma dupla implacável no tema ansiedade.

Aquela pessoa que chama de amor a atitude de se preocupar demais e viver as dores e os problemas dos outros é uma candidata potencial a viver ansiosa, porque vai entrar no campo energético de alguém e trazer de lá um farto material que vai pesar muito na estrutura organizadora da sua aura e do seu duplo etérico. Vai carregar o que não lhe pertence e nem precisa. O resultado dessa sobrecarga é um estresse vibracional cujo nome é ansiedade.

A ansiedade, por essa perspectiva, pode ser considerada como um elemento de estresse, porque gera sacrifício e esforço demasiado, oferecendo o risco de comprometer a saúde mental e também orgânica do ansioso.

Não é assim com as leis da Física? Se você constrói um alicerce para suportar três andares, o que acontecerá se erguer vinte andares nesse alicerce frágil? Haverá uma sobrecarga que poderá arruinar a construção.

Os alicerces emocionais de cada pessoa também se organizam dentro de um limite. Se você passa a consumir e a se alimentar de forças que não lhe pertencem, cria uma pressão em sua estrutura pessoal.

Esse comportamento gera mães ansiosas que carregam culpas terríveis a respeito da educação de seus filhos e não têm ciência da origem desse sentimento. Pais ansiosos porque não sabem se vão conseguir responder pelo bom futuro do filho ou porque seus filhos seguiram rumos diversos do esperado, mesmo tendo sido oferecido a eles os melhores exemplos e condições. São as mulheres que não se sentem boas o suficiente para seus parentes e querem carregar todos nas costas. São as mães que se acreditam responsáveis por gerenciar o sentimento de seu grupo familiar, sem perceberem o sentimento de prepotência por trás de suas condutas. Esposas submissas que desejam agradar o cônjuge a qualquer preço, para não o perder. Maridos inseguros que se autoflagelam com a desconfiança sobre a conduta da esposa e gastam doses elevadas de energia para controlar a relação. Enfim, é muita culpa, muito medo, entre outros sentimentos, e o efeito disso tudo é uma ansiedade galopante.

Carregar o campo energético das pessoas que você ama não é amor, é doença. A noção tóxica de amor no qual "faço tudo o que for preciso para você" ou "eu te amo muito e quero lhe agradar sempre" são produtoras de quadros graves de dor emocional. O amor verdadeiro tem muito mais a ver com desagradar do que com agradar, com dizer "não" na hora certa do que abaixar a cabeça; suportar o que não é sadio e esmolar por migalhas de atenção e afeto.

Além disso, essa obesidade energética gera cansaço físico, perda de vitalidade mental e física, insônia, dores musculares generalizadas ou localizadas, em função dos bolsões energéticos que se instalam, infecções urinárias recorrentes, quadros emocionais severos de depressão e vários outros quadros de doenças psíquicas e físicas.

Nesses casos, o tratamento da ansiedade passa por uma identificação de qual perfil emocional é o gerenciador desses tipos de relacionamento de sobrecarga. Quase sempre, ele é perceptível em pessoas muito carentes, dependentes emocionais, exigentes, controladoras e perfeccionistas. Cada caso é um caso e tem que ser avaliado individualmente, para a organização de um plano de tratamento apropriado.

Você não renasceu com condições pessoais para dar conta da energia alheia. Amor não é isso. Amor é você cuidar da **sua** energia, preservá-la de gastos desnecessários, manter seu equilíbrio e estar sempre pronto para dar ao outro aquilo que pode ser útil e não para carregar o que nem o outro quer sustentar.

O amor de verdade não gera ansiedade. Gera equilíbrio, paz e harmonia. E mesmo que haja algum nível de ansiedade, é razoável pensar que, em doses suportáveis, ela possa fazer algum bem, desde que seja a respeito daquilo que lhe pertence e que é de sua responsabilidade.

12

> "A incompatibilidade energética é um aviso da alma"

Bem no início dos relacionamentos, quando a atração e o afeto indicam ao casal que as coisas vão durar mais tempo e consolidar a união, começa um processo natural de conhecimento mais profundo um do outro.

As conversas e os acontecimentos passam a ser analisados com critério, visando à segurança e à alegria na convivência. Nessa fase, surge a intuição ou o feeling de ambas as partes, como decorrência natural daquele receio do novo, ante o encontro de dois universos distintos e repletos de sonhos na construção de uma relação de afeto.

Nesse contexto, a identidade psicológica de cada um, invisível, começa a se expressar em forma de vibrações. Muito além da troca de informações e momentos divertidos, ela se revela provocando também uma permuta energética. Ambos passam a ter sensações e pensamentos que alertam sobre essa parte sutil um do outro.

Em geral, não se dá importância a essa percepção, no entanto, algumas dessas sensações ou pensamentos podem persistir e aumentar, provocando efeitos desconfortáveis, aumentando a insegurança e criando um clima de dúvida. Algumas coisas se encaixam maravilhosamente, outras, todavia, são como agulhas emocionais a espetar e causar dor já bem no início da convivência. Você tenta entender o que está acontecendo e não consegue encontrar nenhuma explicação sensata. Isso se chama incompatibilidade energética.

Esta incompatibilidade ocorre quando alguém que entra na sua vida não corresponde aos seus sagrados anseios de crescimento espiritual. Alguém cujo perfil não tem afinidade com o que você merece ou está buscando, que destoa da sua faixa energética. Ela é uma sinalização da alma e, por essa razão, vai estimular dentro de você um campo de energia desalinhado dos seus propósitos de vida. O efeito será a instabilidade emocional e mental.

Nos casos em que as doenças da ferida do abandono estão presentes, especialmente a carência, gastam-se elevadas doses de energia para tentar fazer esse relacionamento ir para a frente e, quase sempre, em vão. Alguns terminam em lamentáveis experiências. Ampliemos nossas reflexões com as observações contidas em O livro dos espíritos, questão 939:

> Uma vez que os Espíritos simpáticos são induzidos a unir-se, como é que, entre os encarnados, frequentemente, só de um lado há afeição e que o mais sincero amor se vê acolhido com indiferença e, até, com repulsão? Como é, além disso, que a mais viva afeição de dois seres pode mudar-se em antipatia e mesmo em ódio?
>
> Não compreendes então, que isso constitui uma punição, se bem que passageira? Depois, quantos não são os que acreditam amar perdidamente, porque apenas julgam pelas aparências, e que, obrigados a viver com as pessoas amadas, não tardam a reconhecer que só experimentaram um encantamento material! Não basta uma pessoa estar enamorada de outra que lhe agrada e em quem supõe belas qualidades. Vivendo

realmente com ela é que poderá apreciá-la. Tanto assim que, em muitas uniões, que a princípio parecem destinadas a nunca ser simpáticas, acabam os que as constituíram, depois de se haverem estudado bem e de bem se conhecerem, por votar-se, reciprocamente, duradouro e terno amor, porque assente na estima! Cumpre não se esqueça de que é o Espírito quem ama e não o corpo, de sorte que, dissipada a ilusão material, o Espírito vê a realidade.

Duas espécies há de afeição: a do corpo e a da alma, acontecendo com frequência tomar-se uma pela outra. Quando pura e simpática, a afeição da alma é duradoura; efêmera a do corpo. Daí vem que, muitas vezes, os que julgavam amar-se com eterno amor passam a odiar-se, desde que a ilusão se desfaça.

Atentem a esta frase: "Vivendo realmente com ela é que poderá apreciá-la". Essa fala dos sábios orientadores deixa clara a importância de entender que a solidez de uma relação depende de apreciar e observar o outro. É bom evitar tropeçar nas velhas ciladas da ilusão provocada pelas dores emocionais da solidão e da carência, que entorpecem a razão e substituem a afeição da alma pela do corpo. O encantamento inicial e de superfície promove muita angústia e desorientação no planeta.

Apesar de tantos atrativos, como a afinidade física, intelectual, afetiva e social, lá no fundo de sua alma, o desconforto causado pela incompatibilidade energética lhe avisa sobre a inviabilidade de uma adequação ou um ajuste com essa pessoa. No entanto, por vários motivos, você insiste, se esforça, teima e tenta fazer acontecer, alimentando as expectativas de êxito, mas nada flui, a relação não avança. O relacionamento amoroso não sobrevive com incompatibilidade. É muito sofrimento que espera quem força a barra nessa direção.

Nenhum relacionamento é por acaso. Mesmo com essa incompatibilidade, você tem algo a aprender, há uma lição, um teste para você. Talvez, sofrendo as dores desse tipo de vivência amorosa, você enxergue melhor sua carência, sua teimosia, sua impulsividade e outras características de sua sombra interior que lhe fazem carregar, com um esforço sobre-humano, a pior parte desses encontros inadequados. Eles são lições que vão lhe auxiliar a ir ao encontro da sua própria essência.

Não existem relacionamentos que dão certo ou que dão errado. Existem lições e resultados. Porém, considere que esse aviso da alma, essa sensibilidade em forma de desconforto, está lhe alertando para abrir os olhos e se despir de ilusões, a fim de poupar-lhe de muitos dissabores e dores evitáveis. Você pode fazer esse aprendizado por outros caminhos. Aprender a ouvir esse aviso da alma pode ser a maior lição de uma experiência difícil. Tentar passar por cima dessa comunicação energética é uma atitude tóxica que pode abrir vivências dolorosas para você.

O amor acontece. Relacionamentos sadios brotam, crescem e são adubáveis. Forçar uma convivência com alguém que possui uma frequência vibratória que não se sintoniza com a sua, é consentir que provas voluntárias e dores dispensáveis façam parte da sua vida.

Algumas pessoas tentam explicar esse fato como sendo dívidas do passado que você tem de resgatar, como um carma que se tem de queimar. Isto é uma insensatez. Seria mais honroso e educativo assumir que foi imprudência, má escolha, teimosia, falta de inteligência e carência exacerbada que estão reclamando tratamento e atenção de sua parte. Só quem ainda está entorpecido por uma profunda imaturidade emocional ou necessidade de ajustes psicológicos pode pensar nessa ótica de dores planejadas por carma.

Você se esforça loucamente para encaixar alguém em sua vida e se encaixar na vida de alguém e, depois vai reclamar, dizendo que está sofrendo um carma. Na falta de nivelamento energético, paga-se um preço muito alto para manter uma união. São dores opcionais, mas não menos importantes para seu aprendizado, que poderiam ser evitadas e não foram planejadas.

O amor não pode ser forçado. A palavra mais sagrada para o futuro e o progresso de um relacionamento com amor é a reciprocidade. Uma via de mão dupla. Sem reciprocidade, vai haver uso estressante de energia, manipulação, exploração e controle, implicando amor adquirido a alto custo, uma vez que o amor que não é dado espontaneamente violenta o sagrado altar do coração.

Para fluir o amor, para que um relacionamento amoroso sadio prossiga, é necessário certo grau de compatibilidade energética, podendo até brotar entre aqueles que têm certo grau de incompatibilidade.

O amor nasce, sobrevive e faz crescer quando se tem a estrada do relacionamento para trafegar. Se a estrada é incompatível com esse tráfego, cheia de armadilhas e riscos, alguém vai se acidentar nesse trajeto.

13

> "O abandono afeta o campo energético dos chacras"

A aura humana emite raios que são captados e sentidos pelas pessoas à sua volta e também por aquelas que estão distantes, que mantêm laços e interesses com você. Essa irradiação, processada pelas ondas mentais, pode ser o escudo protetor da sua vida e, dependendo de como você vive internamente, pode ser um ímã para coisas negativas. Vejamos o que temos sobre esta irradiação da alma em *O livro dos espíritos*, questão 141:

> Há alguma coisa de verdadeiro na opinião dos que pretendem que a alma é exterior ao corpo e o circunvolve?
>
> A alma não se acha encerrada no corpo, qual pássaro numa gaiola. Irradia e se manifesta exteriormente, como a luz através de um globo de vidro, ou como o som em torno de um centro de sonoridade. Neste sentido, se pode dizer que ela é exterior, sem que por isso constitua o envoltório do corpo. A alma tem dois invólucros. Um, sutil e leve: é o primeiro, ao qual chamas perispírito; outro, grosseiro, material e pesado, o corpo. A alma é o centro de todos os envoltórios, como o gérmen em um núcleo, já o temos dito.

A irradiação original que vem da alma, ao atingir os corpos sutis, encaixa-se e entra em mutação, saindo do ambiente rarefeito e astral do espírito e se adensando no corpo físico. Sai do espírito, atinge a mente, que atinge os chacras, e espalha força em todas as direções.

O que determina essa frequência vibracional da alma são suas emoções, que qualificam e dão natureza a seus pensamentos.

Se, apesar de tomar as cautelas óbvias de proteção, você anda na rua com um medo acentuado, quase com pavor, está enviando um endereço vibratório para as mentes abusadoras. Um ladrão e um assaltante vão captar essa vibração. Esse ingrediente energético aumenta a probabilidade para que você seja "escolhido" em meio a uma multidão para se envolver em um incidente desagradável.

Os maus-tratos com você, a falta de autoamor e a agressividade contra si próprio cria um circuito de forças que atrai sempre o pior para sua vida, chamando vibratoriamente por pessoas que adoram ameaçar, agredir e violentar. Esses maus-tratos são observáveis por meio de condutas muito conhecidas como as das pessoas que querem carregar o problema de todo mundo, nas que se maltratam com culpas frequentes, que priorizam as necessidades alheias com sacrifícios intermináveis, que aceitam atitudes abusivas por parte de outras. Quem não se ama terá sempre uma larga porta aberta para atrair quem deseja abusar e roubar. E aqui não falo só dos assaltantes de mão armada, mas também os ladrões de energias que sugam suas forças, seus relacionamentos e sua boa-fé.

Em decorrência do milenar autoabandono, existem chacras que são mais afetados e apresentam desarmonias observáveis, com maior assiduidade, nas seguintes expressões:

- O laríngeo de quem padece rejeição fica opaco e tomado por energias que sufocam e apertam os pulmões.

- O cardíaco de quem sofre a solidão apresenta-se lento e com pequenas formações etéricas, similares a pedras que produzem angústia.

- O solar de quem se aterroriza com o medo é avermelhado, parece estar em brasas, gerando cargas de ansiedade que vão se derramar na corrente sanguínea.

- O frontal de quem experimenta a dor da carência é extremamente alterado na velocidade do seu giro, criando um reino de fantasias distantes da realidade; emite uma cor azul muito escura, com raios difusos, e produz matéria pegajosa.

Nessas condições, cada um desses centros de forças é passível de assaltos energéticos e vampirismo, no âmbito dos estudos da Medicina Vibracional.

A proteção e a recuperação desses sofrimentos é toda elaborada no reino da emoção. Estar em uma faixa de frequência de fé, coragem e atenção plena em si e no agora é como enviar ao universo um pedido para que você ande por caminhos mais seguros. Isso não quer dizer que estará sempre protegido e nunca acontecerá nada com você. Estas condições apenas aumentam, em muito, suas chances de se esquivar de um acontecimento infeliz.

No entanto, é o autoamor que constitui a defesa mais potente para afastar tudo o que possa lhe prejudicar, pois é a força emocional luminosa que cria uma couraça vibracional poderosa em torno da sua aura e do seu duplo etérico.

A energia do autoamor é uma blindagem. Sua coloração é azul clara, emite uma onda de brandura e profunda leveza no ambiente. É como um manto acolhedor e resistente, dotado de uma constituição elástica, porém, impenetrável para ondas ou forças destrutivas.

Uma pessoa que se ama mantém uma rotação harmônica em dois chacras que representam a guarda armada do ser, responsáveis pela blindagem energética da parte astral: o chacra solar e o laríngeo.

O chacra solar de quem exala autoamor roda, no sentido horário, com velocidade uniforme, criando uma tela que filtra impurezas e preserva o halo da harmonia na aura.

O chacra laríngeo, responsável pelos relacionamentos, aumenta a sensibilidade intuitiva, que faz com que se prefira lugares e se tome decisões que correspondam a sua rota astral, isto é, que você saiba intuitivamente os lugares aonde ir, onde ficar e como agir, desviando-se de prováveis ocorrências infelizes e de locais contaminados. É esse chacra que faz você se sentir bem ou mal perto de alguém.

Há também dois outros chacras muito ligados à dinâmica desses dois: o cardíaco e o frontal.

O cardíaco de quem vibra da frequência do autoamor emite luz verde clara, que acalma os sentimentos e suaviza as energias, fruto de uma paz interior.

O frontal de quem se ama é um espelho do cardíaco, refletindo pacificação, lucidez e equilíbrio na forma de pensar e decidir.

Na frequência do amor, essas usinas de forças trabalham em harmonia, para o progresso e o crescimento das potencialidades do espírito na sua rota de cura da sensação de abandono e inutilidade, mantendo a criatura em um casulo acolhedor de paz e satisfação com a vida.

14

> "Chacra laríngeo, o alto-falante da alma"

O chacra laríngeo é o polarizador da expressão da comunicação. Tudo aquilo que você experimenta na sua convivência é estampado nesse chacra. É o espelho do intercâmbio nas relações humanas.

Quando você encontra alguém e aperta-lhe a mão, esse centro de energia entra em ressonância. Quando você ouve a fala de alguém, é nele que se sabe se é verdade ou mentira. A afinidade e a antipatia entre as pessoas são registradas por esse canal.

Seu equilíbrio pode ser afetado pelo uso infeliz da palavra que fere, mente, desanima e prejudica outra pessoa. Ou pode também ser iluminado por expressões de gratidão, alegria, amor e bondade para com os outros. Palavras não ditas também podem adoecê-lo e levar a pessoa a se engasgar com seus próprios sentimentos, causando muita sensação de sufoco, angústia e pressão mental.

É o chacra que mais frequentemente apresenta desalinho, causando doenças psíquicas e orgânicas, porque o que mais se verifica são pessoas se intoxicando com aquilo que não conseguiram resolver em seus corações e mentes. Sentimentos mal orientados e pensamentos em conflito causam-lhe perturbações intensas.

A manifestação doentia decorrente do autoabandono que mais assiduamente se verifica nesse chacra é a rejeição. Embora aí possam reverberar também outras faixas enfermiças ligadas à viagem do espírito nas diversas vidas carnais.

A rejeição causa vários casos de desorientação emocional e conflitos mentais, chegando a provocar uma temporária inversão na direção da rotação do chacra laríngeo. O primeiro efeito perceptível desse quadro é uma dose acentuada de angústia que se instala no chacra cardíaco e um roubo de energia continuo do chacra solar. Quando esses chacras estão assim, temos como sintomas imediatos o cansaço físico, uma tristeza persistente, certa confusão mental, sono muito alterado e que não permite o descanso e a reposição de forças, diminuição de apetite, doenças no aparelho respiratório, como renites, faringites e outras.

A pessoa que carrega o chacra laríngeo com rotação temporariamente invertida torna-se também um vampiro nos relacionamentos, sugando a energia alheia com ou sem intenção. É uma reação natural e, às vezes, inconsciente, da revolta de quem se sente rejeitado. Os quadros emocionais que sustentam o comportamento dessa pessoa são baixa autoestima, revolta com sua situação perante a vida, briga constante com partes do seu corpo físico, enorme dificuldade de interagir com diferenças e diferentes, dificuldade para lidar com o êxito alheio, entre outras.

Independentemente da dor emocional da rejeição, outros quadros estão presentes. Por exemplo, ao mudar seu sentimento a respeito de uma pessoa de quem não gostava ou por quem nutria indiferença, tudo aquilo que você pensava ou sentia sobre ela, antes dessa nova atitude, formou um registro nesse chacra que produz uma matéria com vida própria e influi sobre todo o sistema dos corpos sutis, atuando diretamente no perispírito e no corpo mental inferior. Essa matéria precisa de reorganização e asseio, pois, do contrário, pode impedir que o relacionamento flua para uma etapa melhor e mais proveitosa. O chacra laríngeo é determinante em assuntos de fluência ou travamento dos relacionamentos. Sobre este nível de interação, vejamos o que os diz *O livro dos espíritos*, questão 420:

> Podem os Espíritos comunicar-se, estando completamente despertos os corpos?
>
> O Espírito não se acha encerrado no corpo como numa caixa; irradia por todos os lados. Segue-se que pode comunicar-se com outros Espíritos, mesmo em estado de vigília, se bem que mais dificilmente.

A alma se irradia por cada poro do corpo físico. As frequências sutis do ser criam o campo de vibrações por meio das rodas energéticas que refletem os estados profundos da vida mental e emocional, compondo as roupagens quânticas[1] do espírito imortal.

Experiências amargas ou nobres formam um casulo onde se movimenta o espírito, formando a sua prisão ou ascensão nos diversos reinos espirituais das realidades quânticas paralelas.

---

[1] Energias que fazem parte do nosso dia a dia; são frequências que estão constantemente à nossa volta, produzidas por nós e também vindas dos ambientes.

Muitos procuram por obsessores nos quais, em muitos casos, nada mais existe do que lamentáveis doenças energéticas nos chacras, solicitando atenção, mudança de postura e uma orientação para usar apropriadamente seus potenciais invisíveis e mentais.

Somente com educação emocional para o autoamor consegue-se organizar essas estruturas sutis do ser, ordenando-as na direção de melhores e mais proveitosas relações nas quais poderão ser encontradas lições libertadoras e curativas.

15

> "Perdão e gratidão como escudos de proteção"

Todo relacionamento tem uma parte invisível, identificada por pessoas mais sensitivas, que influencia decisivamente sobre o comportamento das pessoas na relação. Essa parte é determinada por sentimentos que afetam os chacras e formam a psicosfera da relação.

O ciúme afeta o chacra frontal, alterando a percepção da realidade; a raiva afeta o chacra solar, mudando o nível de vitalidade do corpo físico; a mágoa afeta o chacra laríngeo, sufocando-o com um alto nível de toxicidade. Esses são alguns dos exemplos sob a ótica da Medicina Vibracional, que orienta a saúde ou trata a doença, conforme o padrão de forças movimentado na vida do relacionamento. Os sentimentos criam um campo astral com vida própria, irradiam com grande intensidade e atingem a mente, sendo capazes de influenciar ou determinar o comportamento.

Nos casos de conflitos persistentes, com o passar do tempo e a repetição das experiências desgastantes, os envolvidos ficam dentro de uma prisão energética que sufoca o amor e cria momentos de tormenta.

Há casais, por exemplo, que ficam destacando causas metafísicas, como sorte, "macumbas", "entidades do mal" ou "mau-olhado", para explicar o motivo de estarem com tanta dificuldade no relacionamento, mas desconsideram que essa prisão, criada por eles próprios, é a pior negatividade que pesa sobre eles.

O relacionamento se torna tóxico, repleto de desrespeito, abuso, e fica retido em energias que adoecem a convivência.

Só quem entende e aplica o conceito psicológico do perdão e da gratidão consegue dar a volta por cima e fazer uma limpeza nessa cadeia de emoções aprisionantes, abrindo as portas para novas e mais valorosas vivências.

Vale ressaltar que o perdão e a gratidão, muito indicados na religião e destacados na vida de relação, merecem um estudo aprofundado para saber como organizá-los no coração e na conduta. Existem conceitos muito rígidos e distantes da realidade dessas duas medicações emocionais.

Perdão não é esquecimento das ofensas, e sim encontrar os caminhos interiores para transformar a dor da ofensa em aprendizado e amadurecimento. Para perdoar, é fundamental entender a parcela pessoal das suas sombras que contribuíram para que os fatos acontecessem exatamente como aconteceram, minando as energias da relação.

Gratidão não é simplesmente emitir palavras de agradecimento, mantendo o coração cheio de raiva e dor. Para ser grato, é necessário descobrir o caminho interior para se sentir livre das dores e dos efeitos lamentáveis que a frustração e a decepção criaram em forma de feridas e más memórias.

Quem perdoa entende melhor a relação e se coloca mais apto a tomar decisões mais acertadas com o autoamor.

Quem se nutre de gratidão aceita a realidade e consegue desenvolver emoções saudáveis, que vão orientar os melhores caminhos para o relacionamento.

O perdão e a gratidão formam uma aura luminosa em torno das pessoas, na relação, permitindo que essa parte invisível se transforme em um escudo de proteção e em uma força que alimenta a relação. Ao contrário, a mágoa e a revolta destroem as esperanças e desgastam a convivência com sofrimento e desamor.

Vejamos a questão da presença do amor nas relações inserida em *O Evangelho segundo o Espiritismo*, capítulo 22, item 3:

> Nas condições ordinárias do casamento, a lei de amor é tida em consideração?
>
> De modo nenhum. Não se leva em conta a afeição de dois seres que, por sentimentos recíprocos, se atraem um para o outro, visto que, as mais das vezes, essa afeição é rompida. O de que se cogita, não é da satisfação do coração e sim da do orgulho, da vaidade, da cupidez, numa palavra: de todos os interesses materiais.

A afeição nos relacionamentos depende de manutenção, investimento e sabedoria. Para garantir os sentimentos recíprocos, acima dos interesses individuais e egoísticos, é necessário pensar e sentir no bem do outro.

Sem perdão, torna-se impraticável a sustentação das emoções nobres de um para com o outro.

Quando se perde a alegria de trabalhar pelo encontro, de agradecer pela importância que cada um tem na vida do outro e pela colaboração que se prestam mutuamente, perdem-se as oportunidades de praticar a mais fortalecedora atitude que vitaliza as relações.

Gratidão e perdão são, sem dúvida, o escudo protetor de relacionamentos promissores e sólidos.

16

> *O prazo de validade dos ciclos cármicos*

Os ciclos dos relacionamentos têm prazo de validade. Como tudo na natureza, os relacionamentos estão sujeitos aos ciclos que comandam e inspiram a rota evolutiva do ser na sua caminhada. O prazo de validade das experiências obedece à utilidade dos relacionamentos, considerando a extensão das necessidades de aprendizado e crescimento. Cada etapa traz suas experiências e sua lição.

Pode ser um mês, cinco anos, uma vida, dez vidas, enfim, cada pessoa tem o que aprender em determinado período. Relacionamentos são escolas e cursos intensivos de autoconhecimento. Por meio deles, você identifica seus aspectos sombrios e luminosos.

Portanto, eles não acontecem por motivos aparentemente corriqueiros da vida social. Não se trata apenas de atração física, de interesses sociais ou quaisquer outras motivações que levam uma pessoa a outra. Há todo um conjunto de forças invisíveis que formam uma equação energética que vai muito além do que os olhos conseguem perceber. Os relacionamentos contêm ciclos de energias que possuem prazos de atuação. Cada ciclo tem seu tempo de início e término. Necessariamente não significando término da relação, mas de uma etapa.

Algumas relações, inclusive, adoecem porque seu ciclo de energia se esgotou, ou seja, o período de tempo que a vida pede para que uma lição seja assimilada, conquistada, foi cumprido. Se os envolvidos na relação fizeram o aprendizado proposto pelo carma, essa relação pode se findar sem traumas e com generosas somas de afeto, amizade e respeito. Se não aprenderam, quem assume o comando são o sentimento de mágoa, a terrível sensação de fracasso, a dor da perda e a perda do discernimento.

É assim que nascem os cordões energéticos doentios que mantêm duas pessoas conectadas, causando prejuízos lamentáveis uma a outra, mesmo depois de décadas do fim da relação. Algumas doenças crônicas e muitos quadros emocionais decorrem dessa ligação energética tóxica que mantém duas pessoas aprisionadas entre si.

Estamos um ao lado do outro para descobrir os nossos ciclos de evolução e fazê-los se cumprirem. Esse é o melhor conceito da palavra carma, um aprendizado que precisa ser feito.

Nada acontece por acaso, inclusive o fato de se envolver afetivamente com quem, aparentemente, não tem nada a ver com você. Não existe o acaso em assuntos da convivência humana, conforme podemos entender em *O Evangelho segundo o Espiritismo*, capítulo 5, item 9:

> Não há crer, no entanto, que todo sofrimento suportado neste mundo denote a existência de uma determinada falta. Muitas vezes são simples provas buscadas pelo Espírito para concluir a sua depuração e ativar o seu progresso. Assim, a expiação serve sempre de prova, mas nem sempre a

prova é uma expiação. Provas e expiações, todavia, são sempre sinais de relativa inferioridade, porquanto o que é perfeito não precisa ser provado.

Na vida física, o espírito busca, a todo instante, por meio de vibrações, as provas que vão proporcionar seu amadurecimento e depuração e com as quais fará amplos progressos no futuro. Essa busca independe dos relacionamentos contidos no planejamento reencarnatório, do nível de vínculos afetivos, sociais, e familiares e do tempo mais longo e intenso dos aprendizados.

As provas não focam apenas o passado. Muitas vezes, preparam o futuro. Objetivam organizar a vida interna da pessoa para experiências mais ricas dentro do seu merecimento.

Quando uma pessoa começa a fazer mal para outra em um relacionamento, este se torna tóxico e pesado e algumas situações cármicas muito conhecidas podem ser consideradas. Vejamos algumas:

1. O tempo do ciclo de convivência não acabou e os envolvidos não estão aprendendo o que necessitam com aquele contato.

2. O tempo do ciclo já acabou, mas os conceitos sociais e as crenças pessoais os aprisionam à relação com ilusões sobre amor e relacionamento, determinando que fiquem juntos por apego, por medo de prosseguirem sozinhos, por necessidade de controle, por questões financeiras, entre outras, criando novos e dispensáveis momentos tormentosos.

3. Aquela união não existe por acaso, mas poderia ser evitada e foi aprendido na união o que as pessoas poderiam aprender sozinhas. Foi uma escolha, uma união por encontro de sombrios, de necessidades de aprendizado comum ou pelo desejo do amor que os uniu. Nesse caso, o prazo do ciclo de convivência obedece ao ritmo da ocasião.

Podemos considerar que a maioria das uniões aqui na Terra, quando são planejadas antes da reencarnação, vem com um projeto de tempo longo de duração, por conta das nossas necessidades de educação sexual, aprimoramento afetivo e do encaminhamento dos espíritos para a reencarnação, como filhos. No entanto, está aumentando rapidamente o número de uniões por escolha, o que torna mais variável e imprevisível o tempo de duração destes ciclos de convivência. Ele pode variar para mais ou para menos, dependendo da motivação, do prazer e da realização pessoal.

Quem não encerra seus ciclos quando é necessário encerrar também o relacionamento ou quem não recicla seus relacionamentos que vão continuar, trava energeticamente sua existência e aumenta os cordões tóxicos por meio de condutas de desrespeito e abuso. A energia da convivência humana é a que mais liberta ou sufoca os caminhos da experiência reencarnatória.

Nessa perspectiva, não existem uniões, relacionamentos familiares ou profissionais que dão certo ou errado, existem ciclos de convivência. Há muito sofrimento desnecessário com os términos das relações por falta de se compreender os motivos que levaram a esse fim. Esse é o cenário em que o ciclo vira, mas as pessoas não o encerram. Nesse caso, o ciclo do tempo que se tinha para ficarem juntos se cumpriu e, se não for encerrado, a relação adoece. O ciclo de convivência pode ser encerrado e as pessoas envolvidas nele continuar se amando, bem como podem também encerrar a relação e, também assim, continuar o amor.

Acima de tudo, a maior riqueza de uma relação não é seu tempo de duração nem seus momentos bons, e sim descobrir qual o aprendizado daquela convivência, para que ela serve ou serviu, descobrir a função dela na sua vida.

É o único caminho que traz paz ao coração, porque mostra que tudo valeu a pena e que, mesmo sem a convivência ou em uma nova etapa de lições, você consegue desejar o bem e o sucesso da pessoa que viveu ao seu lado, sejam eles cônjuges, pais, filhos, amigos ou conhecidos.

Só se sai com sensação de fracasso e perda de um relacionamento quem não está aberto ou não consegue entender essa utilidade nos encontros de almas.

Por essas e outras, em são juízo e com uma visão otimista da vida, ninguém pode dizer: "viver com minha família é impossível", "trabalhar naquele lugar é inviável", "aquele relacionamento foi um fracasso", "meu casamento não deu certo". É possível, é viável, foi um sucesso, deu certo sim, você é que não percebeu os ciclos.

E, relembrando, as provas e expiações que enfrentamos na vida – com raríssimas missões de espíritos evoluídos – são sempre sinais de relativa inferioridade, uma vez que o que é perfeito não precisa ser provado.

17

> "Abrindo seus caminhos astrais"

O amor organiza a química sexual, motiva conquistas, atrai ajuda, compartilha recursos, estimula ideais, alimenta a ternura e orienta ilimitados valores e sentimentos na relação. No entanto, é o relacionamento que permite que cada um desses valores e sentimentos criem o encanto, inspirando a fidelidade e sustentando a honestidade emocional.

O amor é uma energia que funciona como uma bússola, levando você para seu destino vibratório, ou seja, é uma força invisível que constrói uma estrada energética muito peculiar e única, um mapa pessoal da sua caminhada evolutiva, enquanto a relação é que sustenta, ou não, a identidade do casal com esse caminho astral. Se a relação está em equilíbrio, ela se mantém conectada ao fluxo energético que conduz às experiências para o bem e a harmonia. Se se encontra em desalinho comportamental, sofre os efeitos inevitáveis decorrentes do distanciamento desse trajeto astral.

Esse fluxo astral parece algo predeterminado, entretanto, ele nada mais é do que um reflexo dos próprios anseios e necessidades do espírito imortal, que edifica esse caminho por onde trafegam energias ignoradas à maioria dos homens na Terra. Essa estrada energética é uma rota aberta no universo que o conduz ao seu destino.

Quando se fala que seus caminhos estão abertos, significa que existe um plano astral traçado para você, que há um Sistema de Posicionamento Global, um GPS espiritual que vai levá-lo ao seu rumo evolutivo essencial.

No presente, você não precisa fazer nada para a existência desse GPS. Ele emana, tem vida, é um reflexo do patrimônio construído pelo espírito.

No entanto, para afinar-se à sua estrada astral, são indispensáveis algumas posturas em sintonia com esse caminho invisível, uma vez que tudo acontece de acordo com ele, mesmo que não seja exatamente como você gostaria. A vida responderá seus objetivos conforme sua necessidade e seu merecimento.

Você pode chamá-la de destino, frequência vibratória, planejamento reencarnatório ou até cogitar a ação dos espíritos abrindo seus caminhos. Mas essa estrada existe e independe de tudo. Ela resulta da forma como você escolhe viver. Ela não é algo pronto e definitivo. É construída, minuto a minuto, ano a ano, reencarnação a reencarnação.

Nela está o que você *precisa* e *merece*. Algumas fases da vida você recebe o que merece, em outras, você encontra o que precisa. No entanto, existem alguns ciclos nos quais aquilo que você precisa vem junto com o que merece.

Nesses ciclos, a vida faz uma espécie de resumo de tudo aquilo que você aprendeu e de tudo aquilo que você está apto a usufruir. É um instante de calmaria após a grande luta dos desafios; é um momento de rever o futuro e lançar outro olhar para o passado.

É uma etapa muito boa e abençoada, mas que lhe pede a coragem de tomar posse do que precisa e merece sem culpa, medo ou dor, com absoluta convicção de que esse é seu caminho e, talvez, não seja o de muitos que você ama.

Viva este ciclo com alegria, porque nas leis de Deus existe a ocasião em que tudo aquilo que você merece de bom é também o que você precisa. Um período singular e de rara felicidade para a alma.

As posturas internas da amorosidade são as que abrem e afinam sua vida com esse fluxo astral essencial, que abrem seus caminhos energéticos.

Pessoas ricas de empatia, que são úteis sem impor condições, com larga disposição para a generosidade, operam recursos fantásticos de sintonia com o fluxo da prosperidade.

Pessoas que louvam a existência com gratidão, que amadureceram seu senso moral porque perdoaram suas próprias imperfeições, ligam-se com naturalidade à estrada energética pela frequência de alegria e compreensão que manifestam em seu passos.

Pessoas que afinam sua conduta a uma consciência lúcida no Bem tornam-se referências de autenticidade e se alinham com a energia da verdade e da pureza.

A empatia é o sentimento de quem consegue desenvolver uma ocupação útil por ter se encontrado perante o universo.

A gratidão é a demonstração clara de que você está aceitando o momento e entende que algo vai acontecer em seu favor. É o estado de completa abertura para que as coisas fluam no tempo em que necessitam. Quem é grato, perdoa, entende, supera.

A autenticidade resulta de uma relação pacífica de reconhecimento das suas conquistas e valores, o que permite a superação de autoilusões e amplia as condições afetivas de se conectar ao seu caminho astral, de viver seu mapa pessoal.

Em *O Evangelho segundo o Espiritismo*, capítulo 15, item 5, vemos a dinâmica de ligação com este lado luz que carregamos:

> Do ponto de vista moral, essas palavras de Jesus significam: Pedi à luz que vos clareie o caminho e ela vos será dada; pedi forças para resistirdes ao mal e as tereis; pedi a assistência dos bons Espíritos e eles virão acompanhar-vos e, como o anjo de Tobias, vos guiarão; pedi bons conselhos e eles não vos serão jamais recusados; batei à nossa porta e ela se vos abrirá; mas, pedi sinceramente, com fé, confiança e fervor; apresentai-vos com humildade e não com arrogância, sem o que sereis abandonados às vossas próprias forças e as quedas que derdes serão o castigo do vosso orgulho.

"Pedi, e dar-se-vos-á; buscai, e encontrareis; batei, e abrir-se-vos-á".[1] Palavras sábias de Jesus que nos deixam entender esse movimento de forças com base na atitude pessoal. O que você pede, busca e deseja, plasma sua identificação com uma realidade astral na qual

---
1 Mateus, 7:7.

você vive, respira e evolui. Na falta de uma lealdade a esse plano sequencial de aprimoramento, somos abandonados às próprias forças. Essa foi a escolha, o abandono, a dor do autoabandono.

Abra seus caminhos! Todo o poder de se alinhar com seu fluxo de felicidade e amor depende exclusivamente de você. Usufrua dessa dádiva concedida pelas leis universais e aproprie-se de suas bênçãos e alegrias.

18

> *Vida travada?
> Cure os relacionamentos passados*

Nas relações humanas, os aspectos energéticos e emocionais podem fazer uma diferença mais intensa do que palavras e atitudes. Uma aura saturada de lixo emocional[1] é uma algema impedindo o fluxo natural das realizações da alma ou uma antena captadora de negatividade, atraindo pessoas com más intenções, que espalham problemas, fracasso e dor.

Quando você encerra um relacionamento em climas sofríveis, cheios de mágoas e desrespeito, esses sentimentos geram energias ruins que formam um lixo etérico que pode chegar ao ponto de impedir completamente a ocorrência de experiências mais ricas e agregadoras no futuro. Nada trava mais a vida do que experiências amorosas mal encerradas e mal resolvidas emocionalmente.

Os laços energéticos que unem duas pessoas, apesar de terem se distanciado uma da outra, se mantêm e causam mais efeitos do que se possa imaginar.

Quando as pessoas falam "Parece que minha vida está amarrada, travada!", isso não é uma metáfora. Isso existe e influencia todas as áreas da existência. Algumas chegam ao ponto de não se organizarem internamente após tais episódios dolorosos. Rendem-se à solidão, à descrença e à amargura em profundos e complexos casos de mágoa. Outras ficam fixadas em sentimentos de vingança, disputa e ódio. Quaisquer desses quadros

---

[1] O lixo emocional é um campo energético doentio alojado no duplo etérico e no corpo físico; é produzido e mantido por atitudes desequilibradas, resultantes da falta de educação emocional.

emocionais são legítimas algemas que os prendem ao passado e fecham seus caminhos energéticos não só nas vivências do amor, mas também no sucesso profissional e social, na leveza para viver e na saúde física.

Não é o que o(a) seu(sua) ex-parceiro(a) fez ou deixou de fazer que vai fazer a diferença para que sua vida caminhe. É a sua forma de reagir ao ocorrido que trava o futuro. Não é o que lhe aconteceu que se torna um problema. É o que você vai fazer com o que lhe aconteceu. Isso muda tudo.

Seus caminhos energéticos serão abertos na medida em que você aprende ou não com tudo o que aconteceu.

Identificar qual foi a missão ou o papel de alguém que passou pela sua vida significa caminhar para adiante com a lição aprendida. Entretanto, ficar acusando, cobrando e reclamando dos antigos parceiros é como amarrar seus pés em pesada bola de chumbo que irá dificultar seus passos em todos os setores de aprendizado na escola da vida.

Não vai adiantar nada ficar fazendo um balanço em clima de automartírio, do tipo que diz "Se eu tivesse feito isso ou deixado de fazer aquilo, teria sido diferente", "Se ele tivesse agido de outro jeito, eu não me sentiria assim". Isto só serve para arruinar ainda mais seu amor-próprio e sua saúde emotiva, reativando memórias infelizes e aumentando seu sofrimento a respeito de páginas que precisam ser viradas no livro da vida.

Essas fixações no passado alimentam um profundo e desgastante sentimento de rejeição que tira suas forças e causa apatia afetiva.

Quem deseja avançar, terá que aplicar o autoperdão e o perdão ao outro. Isso não quer dizer esquecer ou passar por cima de sentimentos. Ao contrário, perdoar é enfrentar os fatos, ter a coragem de olhar o que aconteceu e atribuir um significado novo, mais útil, e que explique de uma forma racional as razões da relação anterior ter caminhado para os dissabores que ocorreram. Perdoar é aceitar todas as suas ações e decisões, por mais infelizes que tenham sido. Perdoar é aceitar o passado, dando a ele uma perspectiva útil e educativa. É escolher uma nova frequência para seu coração, abrindo a alma como um sol para expandir sua vibração de autoamor.

Quem consegue isso, cura os velhos relacionamentos, liberta-se das amarras energéticas que travam tudo na vida e adoecem o corpo. Não existe nada mais poderoso que conseguir organizar um arco-íris de amor-próprio sobre o passado escuro.

Somente essa ação curativa é capaz de iluminar os desacertos com a compreensão dos motivos ocultos que adoeceram e, por fim, mataram o relacionamento.

Se você não sabe como abrir esses caminhos, peça ajuda. Não é tarefa simples ressignificar o passado quando se está amordaçado pelas lembranças infelizes ou corroído de rejeição, frutos dos encerramentos mal elaborados. No entanto, a cura é possível quando se compreende que continuar como refém emocional das experiências anteriores é como segurar uma brasa na mão, esperando o momento de poder jogá-la na pessoa que você responsabiliza por seus insucessos e suas dores.

Nessa escola bendita dos relacionamentos, na verdade, não existe fracasso. Existem lições. O fim de um relacionamento não é atestado de que ele tenha dado errado. Ele deu o que tinha de dar. Relacionamentos também tem prazo de validade. Pode valer por um mês, um ano, cem anos, dez vidas... Tudo se renova e se aperfeiçoa, visando ao crescimento e à maturidade emocional e espiritual dos seres.

Quem for capaz de aproveitar melhor o aprendizado, se organiza mais rápido para dias mais promissores e ricos de esperança.

Quem se empenhar mais pelo recomeço, abre seus caminhos energéticos, para buscar no universo as energias de quem estiver na frequência do amor verdadeiro que liberta, encanta e ilumina de alegria a vida de quem o celebra.

Com relação a esta capacidade de reciclar as emoções, colhemos uma importante orientação de *O Evangelho segundo o Espiritismo*, capítulo 10, item 4:

> A misericórdia é o complemento da brandura, porquanto aquele que não for misericordioso não poderá ser brando e pacífico. Ela consiste no

esquecimento e no perdão das ofensas. O ódio e o rancor denotam alma sem elevação, nem grandeza. O esquecimento das ofensas é próprio da alma elevada, que paira acima dos golpes que lhe possam desferir. Uma é sempre ansiosa, de sombria suscetibilidade e cheia de fel; a outra é calma, toda mansidão e caridade.

O equilíbrio após as tempestades devastadoras dos términos afetivos, em nossas relações, depende desse olhar misericordioso sobre si e sobre o outro. Entender os motivos que unem e separam as pessoas, fazer um balanço do que pode servir àquela vivência. Na ausência disso, sobra ansiedade, melindre e amargura, enquanto quem descobre o tesouro da experiência que está escondido nas experiências dolorosas, adquire calma, mansidão e aplica a caridade consigo e com quem lhe partilhou os momentos infelizes do encerramento de ciclos no relacionamento.

Ser misericordioso é enriquecer-se de assertividade, empatia e brandura. É o alívio de compreender que o melhor aconteceu para ambos, é a cura do passado e o respiro para novos começos em clima de paz e esperança, na direção do amor legítimo e incorruptível.

19

> "Você merece o amparo de seus protetores espirituais"

O relacionamento com seus protetores espirituais é um alimento para seu espírito.

Essa sensação de desproteção que toma conta da humanidade diante das consequências do autoabandono pode encontrar nas companhias espirituais o seu alívio e aconchego.

Há pessoas que têm um altar em casa, mas nunca param nele para rezar; há outras que vão ao centro espírita, mas só se lembram das entidades no dia da sessão, pois aparecem nos núcleos religiosos só nos momentos de dificuldade; outras, ainda, andam com orações na carteira, mas nunca as rezam; há as que querem ajuda espiritual, mas só se lembram de Deus nos momentos difíceis.

Que tipo de fé é a sua? Qual é a sua relação com Deus? Que fé é essa que você tem na ajuda dos seus anjos da guarda ou dos espíritos protetores? Lembrar-se deles somente para pedir não é fé, é aflição.

Cultuar a fé é viver um relacionamento diário com tudo que representa Deus, o universo e suas leis. Fé não é submeter entidades a sistemas de trocas ou de escravidão aos seus anseios e dores. Isso é interesse, negócio e egoísmo.

Todos os seres têm protetores espirituais que trabalham pelo bem. Protetores de casas, ruas, bairros, cidades, países, continentes e de mundos.

Esses protetores lhe fazem visitas diárias com horas marcadas. Talvez você não os sinta ou não os veja, mas eles estão sempre ao seu lado. Chame por eles por meio da oração e dos sentimentos nobres que enlaçam as almas. Em seus momentos de dor, peça ajuda a eles. Em seus momentos de alegria, agradeça-os. Nos instantes da dúvida, busque senti-los antes de escolher.

Pouco a pouco, a experiência em ouvi-los vai lhe proporcionar uma das mais raras e profundas vivências espirituais: a conexão fiel com seus orientadores do além.

Você tem um amigo espiritual que lhe ama e vela cada passo do seu caminho. Ele quer todo o seu bem e isto pode ser percebido na referência encontrada em *O livro dos espíritos*, questão 492:

> O Espírito protetor se dedica ao indivíduo desde o seu nascimento?
>
> Desde o nascimento até a morte e muitas vezes o acompanha na vida espírita, depois da morte, e mesmo através de muitas existências corpóreas, que mais não são do que fases curtíssimas da vida do Espírito.

Quando foi a última vez que você procurou ouvi-lo ou senti-lo no seu mais profundo ser?

Muitos se afastam de seus amigos de luz tão somente por não se acreditarem merecedores de amparo e atenção. Sentem culpa por não ser quem acham que já deveriam ser. Pensam que são desonestos porque não fazem todo o bem possível e sentem-se inúteis por não realizar tanto quanto os outros que se dedicam ao caminho da paz e da elevação moral.

Trabalhe sua mente para compreender alguns pontos essenciais a respeito dos seus amigos espirituais:

- Eles aceitam você como você é.
- Eles não lhe cobram nada.
- Eles sabem que todas as suas experiências são necessárias para o seu crescimento.
- Eles respeitam seu tempo, suas escolhas e sua intimidade.
- Eles amam incondicionalmente.

A população espiritual da Terra gira em torno de 30 a 35 bilhões de espíritos realizando sua evolução no orbe. Os encarnados são uma pequena parcela desta população, que não deixa de interagir com os desencarnados, mesmo estando em planos diferentes. Podemos deduzir que para cada um que está no corpo físico existe um número grande de desencarnados ligados a ele e que, em um ambiente familiar, por exemplo, teremos um número expressivamente maior de espíritos que integram aquele núcleo. Isto nos dá uma pálida ideia de que, em nossas relações com todos, lidamos com um número bem maior do que imaginamos.

Imagine desde o amanhecer, quando você desperta, até ao anoitecer, na hora do sono, quantas são as suas conexões com os espíritos fora da matéria. Isso não é exclusividade de médiuns. Eles, devido à maior sensibilidade, alcançam maiores detalhes nos contatos extrassensitivos.

No entanto, todos os dias, o fenômeno de interação mental entre "vivos" e "mortos" é de uma proporção bem mais expressiva do que se supõe, e cada dia mais crescente. Mesmo para aqueles que já guardam a mente aberta às verdades do espírito eterno e imortal, o que se sabe sobre esse tema não alcança sua profundidade. Amparar e servir são os verbos que orientam o lema de todos os protetores do planeta Terra.

A determinação maior entre os que se prontificam a servir na condição de amparadores espirituais é não deixar ninguém ao abandono, servir incondicionalmente sem julgamentos, proporcionar o alívio a quem quer que seja. A bandeira da caridade e do amor são as inspirações de todo protetor espiritual, e se, porventura, haja a necessidade de corretivos e motivação, as luzes derramadas de seus corações são fontes incentivadoras de fé e força para prosseguir.

Marque um horário com seu protetor espiritual para ouvi-lo e senti-lo. Com o tempo, sua relação com ele vai se intensificar e trazer amplos benefícios. Por que você não seria credor desse amparo?

Abrace agora seu protetor, com muito amor. Comece já esse contato abençoado e revitalizador.

20

> *Carma: as pessoas certas, nos lugares certos, conforme méritos e necessidades*

Muitos corações desavisados dos reais conceitos da lei de causa e efeito acreditam que, aceitando as péssimas condições das relações com seus maridos, esposas, filhos, amigos e outros afetos estarão promovendo o próprio avanço espiritual. Suportam desrespeito, engolem ofensas e abaixam a cabeça, tudo em nome do carma que acham que têm a carregar. Na verdade, estão em fuga interior, amontoando mágoas e dores diversas, e tentam compensar isso com a ideia de evolução espiritual.

Sofrer sem entendimento dos seus motivos não ilumina a alma.

Suportar pode ser um ato de amor, quando se procura a saída para os dramas da convivência. Quando há o sentido de resignação passiva, torna-se omissão, conivência e fuga.

O que o ilumina espiritualmente é a sua coragem em examinar suas relações, entender o que você necessita mudar e o que o outro também precisa reciclar.

O que o ilumina é sua honestidade emocional de perceber que você não está mais dando conta e necessita tomar uma decisão, buscar uma medida de bom senso para reencaminhar seus laços de relacionamento desgastados.

Muitos corações que apenas suportaram problemas e abusos sem entendê-los e resolvê-los em seu mundo íntimo desencarnam aflitos e magoados, necessitando de tratamento e amparo especializado.

Carma não é sofrer. Carma é o que você tem de aprender com o sofrimento que a vida lhe traz.

Mesmo que esteja dentro de seu planejamento reencarnatório, o objetivo de um acontecimento doloroso é realizar um aprimoramento e não sofrer ou pagar dívidas.

Carma não é pagar dívidas e ter de passar pelas mesmas dores provocadas nos outros. É uma prova, no sentido de checar um aprendizado, uma nova chance para rever uma lição não assimilada ou reaver uma grande chance perdida no tempo.

Essa visão de pagar dívidas e queimar carmas para se iluminar é uma perspectiva pessimista. Passamos por provas, isso é verdade, cujos fins são o de assimilar um conteúdo que em outra vida ou em outro tempo, nessa mesma reencarnação, não foi aprendido. O objetivo não é sofrer, e sim aprender.

Carma é o que você faz com aquilo que lhe acontece. O que você aprende com isso.

Existe muita confusão conceitual entre carma – que é a roda da vida, o fluxo da ida e do retorno, a colheita das nossas plantações – e o planejamento reencarnatório.

Você pode programar estar novamente com as pessoas que prejudicou. Isso não lhe impõe passar pelas mesmas situações que lesaram seu próximo. A proposta é exatamente outra, é refazer caminhos, recomeçar em novas e melhores bases. Esse recomeço vai custar esforço, algum nível de renúncia e dor, no entanto, o carma reside nisso, no aprendizado que você vai fazer nesse contexto.

Existe um planejamento e não um encarceramento, que só acontece se você não usar apropriadamente o novo contexto para crescer e avançar. Com relação ao cumprimento das provas na programação reencarnatória, encontramos a seguinte orientação em *O Evangelho segundo o Espiritismo*, capítulo 5, item 8:

> As tribulações podem ser impostas a Espíritos endurecidos, ou extremamente ignorantes, para levá-los a fazer uma escolha com conhecimento de causa. Os Espíritos penitentes, porém, desejosos de reparar o mal que hajam feito e de proceder melhor, esses as escolhem livremente. Tal o caso de um que, havendo desempenhado mal sua tarefa, pede lha deixem recomeçar, para não perder o fruto de seu trabalho. As tribulações, portanto, são, ao mesmo tempo, expiações do passado, que recebe nelas o merecido castigo, e provas com relação ao futuro, que elas preparam. Rendamos graças a Deus, que, em sua bondade, faculta ao homem reparar seus erros e não o condena irrevogavelmente por uma primeira falta.

O objetivo essencial é reparar a caminhada evolutiva. Você sofre dificuldades nas provas, mas o objetivo é o de, por meio das expiações relativas ao passado, se preparar visando a um futuro melhor. São provas para apurar o proveito e desenvolver as habilidades para vencer suas necessidades de aprimoramento. Você não tem o dever de redimir ninguém, embora esteja compromissado com a redenção daqueles que prejudicou. Você pode aprender estando ao lado de alguém, ajudando-o, mas o seu carma é com você, não é com o outro.

Se você vem ao lado de um homem mentiroso que foi estimulado por você em outras existências a enganar e falsear, o mais sensato é pensar que você tem algo a aprender sobre a verdade e a honestidade. Ao retornar ao lado dessa pessoa, é importante não aceitar enganar, não se deixar ser enganado, aprender a ser ético e honesto. Você vai mostrar a verdade para o outro, pela sua conduta, mas ele aprende se quiser. Seu papel é reparar perante sua própria consciência a mentira espalhada no passado, ser um novo exemplo para essa pessoa será você reaprender a nova postura.

Se você vem ao lado de uma pessoa controladora, o mais justo é pensar que você vai precisar muito saber como ser alguém que coloca limites, que não aceita manipulação, que não permite ser vigiado, que não faz pacto nenhum com abusos. Irá aprender a ser uma pessoa firme, determinada, deixando claro que não aceitará mais aquela conduta, que pode até ter sido ensinada por você em outras experiências de vida. Vencendo essas dificuldades, você sai do problema e ainda serve de referência para o outro, caso ele também queira aprender a nova conduta.

Se você tem um filho que se vicia, seja no que for, é chamado a desenvolver profundas noções sobre o papel legítimo de um pai e de uma mãe. Será justo dizer que é necessário desconstruir tudo o que há na sua mente sobre esses papeis, assumindo novas atitudes. Precisará cultivar a humildade de aceitar que precisa rever sua postura orgulhosa e sua autoimagem perante os familiares, que necessita desenvolver a coragem para colocar limites a esse filho e dizer a ele o que ele precisa ouvir. Não é seu papel tirá-lo do vício. Ele sai se quiser.

Você será colocado pelas leis sábias da reencarnação no lugar certo e com as pessoas certas para o aprendizado fundamental da sua alma. A lei de causa e efeito se cumpre com base nas próprias energias emanadas pelo espírito e pelos registros da sua vida mental, formando o novo corpo e determinando o local e o contexto do renascimento conforme suas necessidades de avanço.

Fica fácil deduzir que o retorno ao plano físico é um mapa certeiro que nos ajusta àquilo que necessitamos com mais urgência e que merecemos, diante da nossa sementeira ao longo das vidas sucessivas.

21

> "Ressignifique as experiências amorosas e afetivas"

Relacionamentos são um "curso apertado" sobre amor e cura pessoal. Uma viagem cujo destino é encontrar nossa melhor parte e com a qual construiremos nossas melhores relações, em alguma etapa da vida.

Para esse objetivo ser atingido, vamos errar muito até consolidar a lição. Encontraremos pessoas que vão tirar ao invés de somar, que vão nos podar ao invés de nos incentivar. Vamos sofrer com as carências, nos complicar com nossos desejos, morrer de ciúmes e também de mágoa e tantas outras experiências que são verdadeiras aulas intensivas e, por que não dizer, unidades de cirurgias dolorosas nos nossos sentimentos.

Na esfera da vida afetiva, esses conflitos refletem o que podemos chamar de "encontro de sombrios". São as partes mais vulneráveis e enfermas de cada um que emitem vibrações e encontram ressonância vibratória nos outros. Carentes atraindo controladores, inseguros atraindo dominadores, magoados sintonizando com sentimentalistas, arrogantes puxando submissos, e assim por diante. São partes do inconsciente profundo que se ajustam em ilusões sem fim, causando-nos muita dor e decepção.

Se tivermos humildade e coragem de olhar para nós mesmos, conseguiremos perceber que aprendemos, melhoramos e avançamos muito, mesmo naqueles relacionamentos infelizes. Claro que isso não conforta, mas é importante demais para entendermos que ninguém passa por algo que não precisa e/ou não mereça.

Uma das principais funções dos relacionamentos instáveis e frustrantes, conectados por sombrios, é servir de espelho para reconhecermos as imperfeições profundas que estão ocultas e/ou adormecidas em nós.

Resta saber, depois de tantos lances de dor e decepção, se ainda teremos a chama do amor acesa. E a única garantia para que isso aconteça é ter honestidade em assumir que nos equivocamos, que caímos, mas levantamos, nos iludimos, mas recomeçamos.

É fundamental ter a resposta para essa pergunta: qual é a minha responsabilidade em tudo o que aconteceu? Ficar responsabilizando a outra pessoa pelas dores que são nossas é uma artimanha do nosso orgulho.

Se atribuirmos a causa das nossas dores a nós mesmos e pararmos de culpar os outros pelos nossos erros e tropeços, a chama do amor estará acesa após todo esse trajeto. O nome que se dá a essa conduta é "ressignificar o relacionamento", percebê-lo por outra perspectiva. Entender o que a vida quer nos ensinar em cada um deles. É olhar para o passado e descobrir a lição daquela aula, é o mesmo que perdoar e curar, que fechar ciclos, dando a cada experiência um sentido emocional novo e libertador.

Só com a fibra emocional de olhar para tudo isso e tirar a lição que nos foi ensinada é que conseguiremos não desistir de amar e de encontrar, enfim, o nosso destino nas vivências da vida afetiva.

Passamos por alegrias e tristezas com um único objetivo: a preparação para um amor maduro e compensador. Subimos por uma escada de amadurecimento emocional em que cada degrau corresponde a uma habilidade a mais a ser desenvolvida, para ampliar nossa bagagem na desafiante arte de amar.

É lamentável perceber os que desistiram de amar, asilando-se no temor e na dor porque foram muito feridos. Não amadureceram para cumprir seus objetivos no amor. E é provável, também, que não tenham aprendido a lição. Com relação à vivência do amor legítimo, podemos ver o muito a ser conquistado em *O Evangelho segundo o Espiritismo*, capítulo 11, item 8:

> O amor resume a doutrina de Jesus toda inteira, visto que esse é o sentimento por excelência, e os sentimentos são os instintos elevados à altura do progresso feito. Em sua origem, o homem só tem instintos; quando mais avançado e corrompido, só tem sensações; quando instruído e depurado, tem sentimentos. E o ponto delicado do sentimento é o amor, não o amor no sentido vulgar do termo, mas esse sol interior que condensa e reúne em seu ardente foco todas as aspirações e todas as revelações sobre-humanas.

Alguns ainda trilham os estágios da imposição dos instintos para o nível das sensações. Outros migram lentamente das sensações para os sentimentos. Outros tantos buscam o reinado dos sentimentos, reunindo melhores condições morais e espirituais para relações maduras e libertadoras. Mas, mesmo em níveis de intensas provas podemos ressignificar as experiências afetivas e amorosas, tirando delas o melhor.

Ninguém nasceu com um manual de como tirar nota 10 nos relacionamentos!

Amor é tentativa, aprendizado e recomeço sempre. Sem isso, não há aquisição da maturidade. E somente com ela podemos encontrar o melhor destino nos portos felizes do amor.

Somos a soma de todos os relacionamentos que construímos até aqui. O que trazemos de bom de cada um deles é que vai nos capacitar e desenvolver as habilidades interpessoais, que constroem condições de estabelecer uma relação venturosa e compensadora.

22

> "Empatia é o movimento energético que destrava a vida"

Quando você está em um ambiente no qual há muitas pessoas deliberadamente mal-intencionadas, você pode ser vampirizado energeticamente. Quando isso acontece, seu chacra mais atingido é o solar, por onde perde energia, na região do estômago.

Esse processo também pode acontecer, independentemente da sua vontade, quando você é rodeado por pessoas que gostam de você, mas estão com baixa vitalidade. Nestes casos, você se torna um doador espontâneo e seu chacra esplênico, na região do baço, é atingido inicialmente, liberando uma quantidade de força para suprir a necessidade alheia.

Nas condições de vida atuais, parece ser difícil manter-se totalmente fora dos mecanismos de perda energética ou de estabelecer sintonia com frequências do seu semelhante. Este fenômeno pode ser propriamente denominado de doação ou cessão de energias.

Se é da lei distribuir algo de si com quem tem menos, a recomendação sensata é ter o reservatório sempre cheio, isto é, estar continuamente com as pétalas do chacra coronário (no alto da cabeça), abertas para receber do amor divino o que vai lhe faltar. E como se abrem essas pétalas? Amando, realizando sempre o bem, nutrindo ótimas intenções e pensamentos, construindo relações de afeto realistas, trabalhando, treinando a fé, colocando em prática o seu melhor no que diz respeito à conduta moral. O fluxo de entrada e saída de energias em quem se mantém na conduta do bem é incessante, ativo e dispensador de bênçãos.

O amor tem essa magia: quanto mais você dá, mais você tem. É uma usina de força incomparável.

A lei do universo é abundância e prosperidade para aqueles que se sintonizam com o fluxo do desapego e da constante expansão de seu crescimento para a luz do bem. O nosso egoísmo, infelizmente, impede esse fluxo que vem do alto, causando doenças, cansaço, dores emocionais e muito sofrimento. Fechando o chacra coronário, doa-se sem receber.

Você limita ostensivamente a absorção de energias do seu coronário quando não vibra empatia, amor e fraternidade, quando não sai da posição de vítima da vida para realizar algo, e vai se sentir desvitalizado, exausto e, possivelmente, oprimido. Eis a origem da grande parte dos sofrimentos físicos e emocionais da humanidade, uma vez que as mentes estão focadas em interesses de exclusividade, sem pensar em mais ninguém.

Não temos como passar ilesos a esses mecanismos distributivos da vida. A sabedoria das leis universais estipula que quem tem o que oferecer, vai perder uma parte disso para socorrer. E quem não tem o que oferecer, vai perder também e padecer o resultado de seu próprio egoísmo em não procurar se nutrir nas reservas infinitas do amor divino. A lei universal é um projeto colaborativo sagrado, divino e incorruptível, sem ajeitamentos, regido por leis quânticas e físicas.

Vivemos em um mundo de carências. Socialmente falando, podemos até conseguir reter, guardar e não repartir.

No entanto, nas sábias leis naturais, isso não funciona assim. Quem tem, vai dar de sua sobra, quem não tem, vai oferecer até o pouco que tem.

Se isso lhe parece injusto, revise a forma de pensar a vida. Temos o que damos, essa é a dinâmica de Deus. Quem se abre para amar e realizar o bem, independentemente de sua condição de necessidade, cria uma frequência de abertura em seu campo vibracional para receber o melhor. Isso só é possível pela empatia, se colocar no lugar do outro, ter sensibilidade para a forma de pensar e viver do outro.

Pessoas gratas, bem-humoradas, dispostas e amorosas são as campeãs de saúde, bem-estar e tônus energético, porque essas emoções só são vitalizadas com relações empáticas.

O universo é empático. Se ao entrar em um hospital encontrar alguém pior que você, ou se estiver na rua e passar perto de quem precisa daquilo que você tem de sobra no seu campo de forças, vai doar energia, naturalmente.

Por exemplo, alguns médiuns falam que perdem energias em certos ambientes, alegando que isso acontece porque algo ruim ou alguém não está bem naquele lugar. Nem sempre, pode ser apenas a cessão natural de forças. Quem tem mais, cedendo a quem tem menos.

Fala-se que isso é perda, mas, na verdade, é amor em expansão, empatia aplicada segundo as leis vibracionais.

Quantos querem amor, felicidade, saúde, alegrias da vida, mas não são capazes de respeitar o vizinho do andar de baixo no seu prédio, retirando o salto alto que provoca barulho para quem dorme nas madrugadas. Quantos estão desejosos de grandes conquistas materiais e guardam objetos em seu guarda-roupas, acumulando o que não vai usar, guardando verdadeiros entulhos vibratórios. Quantos querendo ser amados, sem fazer o mínimo movimento de amor a quem quer que seja. Assim, falta empatia e sobra ressentimento, frustação e sentimentos de desforra. Isso trava a vida.

Quem muito quer sem oferecer nada em troca, são pessoas com alto risco de sofrerem com relacionamentos abusadores. Quem quer muito sem doar nada, trava o seu próprio caminho.

Pequenas e grandes atitudes demonstram qual o estilo de vida você está elegendo. Para quem dá mais, a vida responde com mais. Quem foca sempre em multiplicar o bem, vibra na empatia e destrava seus caminhos. Participa da lei natural de cessão e amor em expansão.

Empatia é o movimento vibratório que mais progresso e realização pode trazer ao ser humano. É o caminho mais certeiro do amor legítimo.

Reflitamos na fala profunda de Sanson, apresentada em *O Evangelho segundo o Espiritismo*, capítulo 11, item 10:

> Amar, no sentido profundo do termo, é o homem ser leal, probo, consciencioso, para fazer aos outros o que queira que estes lhe façam; é procurar em torno de si o sentido íntimo de todas as dores que acabrunham seus irmãos, para suavizá-las;

é considerar como sua a grande família humana, porque essa família todos a encontrareis, dentro de certo período, em mundos mais adiantados; e os Espíritos que a compõem são, como vós, filhos de Deus, destinados a se elevarem ao infinito. Assim, não podeis recusar aos vossos irmãos o que Deus liberalmente vos outorgou, porquanto, de vosso lado, muito vos alegraria que vossos irmãos vos dessem aquilo de que necessitais. Para todos os sofrimentos, tende, pois, sempre uma palavra de esperança e de conforto, a fim de que sejais inteiramente amor e justiça.

23

> *Critérios de avaliação do aproveitamento da reencarnação*

A aquisição do corpo físico pela reencarnação confere ao espírito a oportunidade de uma maior percepção de si próprio. É como ter um espelho para se olhar com maior precisão.

As necessidades materiais impõem ao ser um contato mais direcionado às suas imperfeições mais essenciais e coloca em destaque suas maiores habilidades.

Fora da matéria, sem o tamponamento que o cérebro físico provoca no campo das memórias, o espírito consegue dimensionar em mais larga escala as suas imperfeições e conquistas, porém, a mente confusa e atordoada por culpas e lembranças nem sempre mantém seu foco nos pontos mais necessários para sua melhora e ascensão.

O objetivo da reencarnação é retomar as lições em capítulos planejados, com focos escolhidos antes do renascimento carnal. Planejamentos coletivos ou especializados[1] são traçados conforme o grau de conquistas espirituais obtidas.

Para a maioria dos espíritos que reencarnam no planeta Terra, o planejamento reencarnatório – plano de evolução do ser – atende ao objetivo nobre de recuperar sua disposição para fazer o bem, saindo da acomodação e do interesse exclusivista. Traz provas visando à predisposição para a empatia, o altruísmo e o amadurecimento emocional para servir.

Nessa ótica, importa mais avaliar o quanto a pessoa se interessou em ser útil do que apurar o bem ela fez aos

---
[1] No caso, espíritos que vêm com missões coletivas, mais amplas.

demais. A avaliação do aproveitamento é dada pelo que se conquistou em termos de patrimônio interno do espírito e não pelo que se realizou para fora, embora suas ações gerem créditos inalienáveis.

Portanto, após o desencarne, o critério mais valoroso da ficha de reencarnação, para avaliar o crescimento espiritual, é o desenvolvimento da virtude de querer servir e construir o bem possível. Encontramos em *O livro dos espíritos,* questão 770a, uma excelente referência neste assunto: "Fazer maior soma de bem do que de mal constitui a melhor expiação."

Saindo do exclusivismo destruidor ao qual se entregou ao longo dos milênios, o espírito vai se deparar com sua maior expiação: fazer a maior soma de bem dentro dos seus critérios conscienciais. E o bem só pode ser alcançado servindo-se ao semelhante, guardando profunda sensibilidade para colaborar e cooperar.

Recuperar o desejo de fazer, viver e sentir o bem é uma grande vitória, pois, para isso, é necessário lutar com os monstros interiores do medo que paralisa, da culpa que aprisiona, do interesse pessoal que ofusca a percepção, da preguiça que sugere a acomodação – constituindo-se numa verdadeira expiação. Muitos estão desistindo do bem e da ética, da honestidade e da luz espiritual.

Mais importante do que acertar sempre ou promover grandes realizações externas, é guardar a certeza de que ansiamos por ser alguém melhor e não abrirmos mão desse objetivo.

Muitos corações desorientam-se diante de erros e desvios nos seus ideais de espiritualização, no entanto, será sempre mais proveitoso que a criatura responsabilize-se pelos seus erros e não desista de prosseguir em busca da consolidação de valores, do que atolar-se na autoacusação e na fuga dos compromissos, não permitindo que suas nobres intenções de progresso sejam abaladas por quaisquer tombos da caminhada.

Só consolida a luz do bem em si mesmo quem persiste em enfrentar todas as suas sombras interiores.

24

> "Humanização dos grupos de espiritualização no plano físico"

A humanização, entre outros conceitos, consiste em levar o volume de informações espirituais da nossa cabeça para o coração, do campo da razão para o do sentimento. É aprender a usar a informação para fazer a nossa transformação, é colocar o conhecimento a serviço da nossa paz emocional e consciencial.

Cérebros congestionados de conhecimento podem estimular a rigidez e a insensibilidade no coração humano. Vejamos o que nos traz *O Evangelho segundo o Espiritismo*, capítulo 7, item 13:

> Não vos ensoberbais do que sabeis, porquanto esse saber tem limites muito estreitos no mundo em que habitais. Suponhamos sejais sumidades em inteligência neste planeta: nenhum direito tendes de envaidecer-vos. Se Deus, em seus desígnios, vos fez nascer num meio onde pudestes desenvolver a vossa inteligência, é que quer a utilizeis para o bem de todos; é uma missão que vos dá, pondo-vos nas mãos o instrumento com que podeis desenvolver, por vossa vez, as inteligências retardatárias e conduzi-las a ele.

Quanto mais saber a pessoa adquire, mais responsabilidade tem de criar o bem em favor de si e dos outros. Se a inteligência e a cultura forem apenas instrumentos de vaidade e narcisismo, não servirão para dilatar as habilidades interpessoais na criação de um mundo melhor e mais pacífico.

Conhecimento sem ação renovadora é uma semente estéril, incapaz de colaborar com o progresso social e espiritual.

Algumas etapas envolvem essa construção de humanização em nossa alma. A primeira etapa é a do entendimento. Quem consegue compreender a proposta humanizadora, torna-se mais sensível à ideia de desenvolver o afeto e ser alguém mais autêntico na vida.

A segunda e mais desafiadora etapa é a educação emocional, que inclui uma profunda mudança conceitual sobre a mensagem do amor, retirando o romantismo, o engessamento, o preconceito e as ilusões em torno desse tema.

A terceira etapa é a aplicação desses conceitos em nossos relacionamentos, qualificando nossa convivência com traços morais humanizadores. Seguem alguns exemplos de relacionamentos iluminados pela humanização dos nossos corações:

- Respeito incondicional aos diferentes e suas diferenças.

- A criação de relações autênticas que nos protejam dos abusos e sentimentalismos.

- A extinção da possessividade e da codependência com nossos elos afetivos.

- A eliminação das condutas pretensiosas, que sutilmente visam a controlar e/ou a salvar pessoas que amamos e que, por enquanto, não querem melhorar.

- O desenvolvimento de relacionamentos realistas, libertos do pieguismo, do vitimismo e das chantagens emocionais.

- O contato corajoso com nossas máscaras, para examinar o que estamos camuflando nas relações dos nossos círculos sociais.

Será muito valorosa uma campanha motivadora para que o conhecimento trafegue com leveza do cérebro ao coração, no qual o saber espiritual seja conduzido para a formação de valorosas habilidades humanizadoras, criando relacionamentos mais fraternos, saudáveis e ricos de empatia.

Já pensaram em uma oficina dos sentimentos na qual seja possível conversar sofre as angústias de quem está se esclarecendo espiritualmente, mas não sabe o que fazer e como fazer para ser alguém melhor para si e seus afetos? Um espaço onde se possa dialogar sobre as alternativas para vencer barreiras pessoais em favor da sua própria alegria e do seu bem-estar?

Humanização é uma palavra que resume a proposta de desenvolver a amorosidade nos círculos que cultivam o bem e enaltecem a luz espiritual como meta de vida.

25

> *A frequência vibratória da reciprocidade: a afabilidade e a doçura*

Se um relacionamento, seja de que natureza for, está lhe fazendo mal, isso é um sintoma evidente de que a relação está desnivelada, isto é, a forma de conviver não está adequada às necessidades e interesses de ambos. O amor e a amizade podem estar presentes, mas sufocados pelos descuidos com a convivência. Um dos dois está dando muito e outro pouco; alguém está priorizando a relação e o outro tem pouca motivação; alguém faz demais e o outro de menos.

Para que exista equilíbrio nos relacionamentos, eles precisam ser nutridos por priorização e reciprocidade. Se isso não acontece, identifique onde está o desnível e faça propostas de melhoria. Esteja consciente de que o problema sempre é bilateral. Não há santos ou pecadores, e sim um processo relacional mal orientado. Quem dá mais, está tentando fazer pelo outro, entretanto, isso não gera equilíbrio. Quem dá menos, não quer perceber o que está acontecendo consigo ou não está dando conta de corrigir o rumo dos acontecimentos.

Não havendo essa melhora, pense com muita clareza de ânimo se você está esperando por algo que alguém não conseguirá lhe oferecer, desiluda-se e redimensione suas crenças sobre o relacionamento. Se tiver essa coragem, poderá se poupar dos maiores dissabores de sua vida. Se um relacionamento estiver lhe fazendo mal, reflita com urgência e tome uma atitude. Relacionamentos são para agregar, crescer e tornar a vida melhor.

Ao longo das experiências, vamos aprendendo sobre quem deve ficar dentro do nosso coração, quem deve apenas receber bons sentimentos da nossa parte, mas ser mantido mais distante ou talvez, até, bem longe. A distância emocional tem sua aplicação em muitos casos. Alguns vão ficar bem aqui dentro, outros ficarão de fora, apenas recebendo uma boa energia.

Existem relações que fluem, que somam, que nutrem, que nos faz sentir bem. Existem outras que são pesos e perdas. Algumas dessas você pode dispensar, porque são experiências desnecessárias. Outras serão lições essenciais, aprendizados que você necessita fazer.

O certo é que a palavra reciprocidade diz muito no tema dos relacionamentos para torná-los saudáveis, duradouros e vitalizados. Se você é 80% na relação e outro é 20%, você vai carregar, vai forçar a barra para dar certo. Resultado? Uma experiência conflituosa e muito desgastante para você.

Reciprocidade é uma via de mão dupla. Dar e receber. Receber e dar. E tudo feito espontaneamente, porque você escolheu amar alguém. Isso serve para qualquer nível de conexão, para amizades, namoros, casamentos, para pais, mães, filhos, colegas, enfim, para todos.

Reciprocidade está naquela pessoa que não concorda com suas ideias, mas tem sempre um sorriso, lhe dá um abraço e ainda brinca com suas opiniões, fazendo você sentir que não é o dono da verdade e que talvez tenha realmente que repensar algumas coisas. Tudo com carinho, porque gosta de você.

Reciprocidade está naquela pessoa que deixa claro que sua presença lhe faz bem, que gosta de vê-lo, que manda recados quando você desaparece. Sente sua falta e se manifesta ou se ajeita para encontrá-lo.

Reciprocidade está em vê-lo por igual, porque quem o coloca muito acima do que você é ou muito abaixo do que você merece, vai criar desconforto na relação e julgamento inadequado. Vai dar ideias que não servem e não vai fechar a sincronia vibratória.

Reciprocidade está naquela pessoa que tem o astral do bom humor e, quando as coisas são mais sérias, ainda consegue relaxar o clima.

Reciprocidade está na atitude daquela pessoa que emite um recado emocional claro de que o aceita como você é. Ela é uma energia que o faz sentir-se bem.

Nós aprendemos, inconscientemente, a identificar a frequência vibratória da reciprocidade. Ela é uma energia que cria um fluxo de acolhimento, é força de atração e um potente campo energético que alimenta e motiva. Está muito ligada à benevolência, afabilidade e doçura. Vejamos o que encontramos sobre este tema em *O Evangelho segundo o Espiritismo*, capítulo 9, item 6:

> A benevolência para com os seus semelhantes, fruto do amor ao próximo, produz a afabilidade e a doçura, que lhe são as formas de manifestar-se. Entretanto, nem sempre há que fiar nas aparências. A educação e a frequentação do mundo podem dar ao homem o verniz dessas qualidades. Quantos há cuja tingida bonomia não passa de

máscara para o exterior, de uma roupagem cujo talhe primoroso dissimula as deformidades interiores! O mundo está cheio dessas criaturas que têm nos lábios o sorriso e no coração o veneno; que são brandas, desde que nada as agaste, mas que mordem à menor contrariedade; cuja língua, de ouro quando falam pela frente, se muda em dardo peçonhento, quando estão por detrás.

Quando há uma troca em equilíbrio, existe autenticidade, mas quando há desequilíbrio, existe campo para a hipocrisia. A vibração cai, o tônus energético de troca fica desgastante, contrário ao clima afável e doce de antes.

Tem gente que o aprecia, quer-lhe bem, o enaltece, o incentiva, mas nada disso quer dizer que seja uma reciprocidade. São pessoas travadas, prisioneiras de seus próprios sentimentos. Eles gostam de você, mas não estão necessariamente na frequência da reciprocidade. Essas pessoas merecem os melhores sentimentos do seu coração, todavia, não vão fazer parte do lugar sagrado, aí dentro do seu coração, onde só será permitido entrar gente rica, que corresponde às suas mais profundas fibras de sensibilidade.

Esse é o mérito da experiência: saber quem está e quem não está com você, quem é recíproco e quem está na sombra da dúvida, da limitação emocional, do gostar por interesse, da má intenção calculada e do preconceito. Nem todos realmente são obrigados a gostar de você.

Em síntese, permita que entre em seu coração apenas quem expressa clara manifestação do quanto vibra pela sua felicidade com doçura, graça e encanto. Pessoas amáveis, afáveis, leves. Os demais, respeite-os, aceite-os, porém, mantenha-os em um lugar com proteção para seus limites e garanta sua própria paz e saúde emocional. Por uma questão de energia, a vida não trará somente pessoas recíprocas. Aprenda a distingui-las pela vibração que lhe causam.

26

> "Todos os relacionamentos terminados deram certo"

Pode acontecer com qualquer pessoa!

Você vai amar alguém, achar que é para sempre, dedicar toda a sua energia para esse relacionamento dar certo e, depois de muito encanto, tudo pode acabar.

Vai ficar uma terrível sensação de perda e você não vai conseguir entender o que aconteceu, vai sofrer muito quando terminar e fará milhares de perguntas com um único objetivo: responder a você o que foi que aconteceu.

Depois de muito sofrer, a frase que mais vai consolá-lo é a que menos gostaria de ouvir: "Não deu certo!". Porém, até essa frase não se encaixa, porque, na verdade, deu certo, sim! Todo relacionamento dá certo. Nenhum deles dá errado.

Ele pode não ter sido o que você queria. Nem chegar aonde você gostaria, mas deu certo porque não foi ao acaso, isto é, não aconteceu sem uma razão, sem uma necessidade. O espírito é uma obra divina e todas as suas experiências são verdadeiras oportunidades de crescimento e progresso. Não existem acontecimentos sem motivos espirituais profundos na jornada da alma, estejamos reencarnados ou desencarnados.

E a razão mais essencial de qualquer relacionamento é o aprendizado que você faz sobre como amar e a conquista da real natureza do amor. O objetivo maior é o que este sentimento pode agregar à sua caminhada evolutiva, o que ele pode oferecer para que você seja alguém melhor e mais feliz.

Ainda que seja um relacionamento fortuito, de pouca duração, se ele mexeu com seu coração, já se pode dizer que você fez matrícula para um "curso de vida afetiva". E não nos restringimos somente aos namoros e casamentos. Isto vale para todo tipo de relação.

O que é mais desafiador e que perturba muitas pessoas após os encerramentos, é o sentimento doloroso de fracasso e frustração. Por não lidar bem com a perda, a percepção do que aconteceu fica perturbada e distorcida. No clima da tristeza após os términos, qualquer avaliação é falha e desfocada pela dor da separação.

Na maioria dos casos, entra um tema importantíssimo: a pessoa que sofre essa perda, com o passar do tempo, volta para si todas as explicações dos porquês de a relação ter acabado, corroendo-se de culpas e lamentos, autocobranças e raiva. As memórias atormentam, o sofrimento aumenta e a saudade sufoca. Nesse contexto, é necessário cuidar mais de si, com brandura e respeito às suas capacidades. Um importante alerta sobre este autocuidado é encontrado em *O Evangelho segundo o Espiritismo*, capítulo 5, item 26:

> Perguntais se é lícito ao homem abrandar suas próprias provas. Essa questão equivale a esta outra: É lícito, àquele que se afoga, cuidar de salvar-se? Àquele em quem um espinho entrou, retirá-lo? Ao que está doente, chamar o médico? As provas têm por fim exercitar a inteligência, tanto quanto a paciência e a resignação. Pode dar-se que um homem nasça em posição penosa e difícil, precisamente

para se ver obrigado a procurar meios de vencer as dificuldades. O mérito consiste em sofrer, sem murmurar, as consequências dos males que lhe não seja possível evitar, em perseverar na luta, em se não desesperar, se não é bem-sucedido; nunca, porém, numa negligência, que seria mais preguiça do que virtude.

As provas objetivam desenvolver a capacidade de entendimento sobre si próprio, suas relações e sobre as soberanas leis que regem o universo. Junto à inteligência, são necessárias a paciência e a resignação, para dar tempo de amadurecimento a cada lição aprendida na escola dos relacionamentos.

Porém, fique atento para a necessidade de se afastar da negligência e da irresponsabilidade nos términos dolorosos, uma vez que esta conduta pode gerar indolência, esfriamento afetivo e cultivo da mágoa com as dores inseridas nas provas.

Sejam quais forem as razões de alguém ter ido embora e ter encerrado o relacionamento ou a amizade com você, seu valor pessoal continua de pé. Você é alguém que tem uma individualidade, um caminho pessoal que precisa ser retomado.

Talvez o outro não aprovasse uma parcela do seu jeito de ser, da sua forma de viver, no entanto, vão aparecer pessoas que ficarão com você por toda uma vida exatamente por conta das mesmas coisas que esse alguém reprovava e vão lhe querer bem do jeito que você é.

Não se desvalorize. Aqui não se trata de ter dado errado ou da sua maneira de ser estar errada. Você é um ser maravilhoso exatamente do jeito que é. Simplesmente o outro não se encaixava com você e você com ele.

Nos casos de relacionamentos amorosos, não houve reciprocidade nem a conexão necessária para o amor avançar. Então não diga: "não deu certo". Diga: "não houve conexão", "por enquanto, não é para mim", "não houve reciprocidade". Houve amor, mas não houve afinidade e interesse de construir uma vida juntos.

Deu certo, sim! Aquilo que o outro não gosta em você é um problema dele. Agora, se você tem algo para melhorar – e todos nós temos –, a relação deu certo porque vai servir para você crescer a partir dessas descobertas e revelações a seu respeito.

Falta de conexão e afinidade não são um mal e ninguém escolhe, simplesmente acontece. E quando acontece, é um indicador do que tem de ser.

Ninguém passa pela sua vida sem um motivo que envolva suas próprias necessidades de aprimoramento e autodescobrimento. Relacionamentos são um espelho para a alma. Sua função é criar um nível tão profundo de intimidade que permita às outras pessoas o contato com partes suas que ninguém mais teria, partes físicas, morais, emocionais e espirituais.

E somente quando abrimos essas partes ao outro é que nos vemos com maior nitidez. Muitas vezes, há maior sofrimento nas separações com o que não se quer ver sobre si próprio, do que com o fato de a relação ter sido encerrada. É por esse motivo que, depois de um tempo, quando se percebe sua parte no processo e a lição que você tinha para aprender, você chega à seguinte conclusão: "Foi bom ter acabado. Não tinha a menor chance de avançar. Deu certo, sim. Só não foi o que eu esperava. Mas quem disse que o que eu esperava tinha que acontecer do jeito que eu queria?".

27

> "Revise seus relacionamentos anteriores e libere sua vida amorosa"

A convivência é encerrada e, naqueles primeiros dias de dor emocional, você tem pensamentos horríveis, sente-se culpado e muito triste. Essas dores naturais do luto da relação são necessárias e sadias. Sem elas, seu psiquismo demora muito a aprumar-se novamente. A perda dói, não importa o tempo de união, amizade ou convivência familiar.

Ao lado dessas dores, uma nova ordem de sofrimento costuma adoecer sua mente, estranha e incomum. Você, que sempre foi uma pessoa otimista, guerreira e persistente, é intensamente tomado pelo desânimo e por um profundo sentimento de pesar que chega ao ponto de deixá-lo apático, sem vontade de prosseguir. Mesmo consciente de que o fim da convivência, foi o mais correto a ser feito. Uma cruel sensação de fracasso e derrota prendem seu coração em uma energia de pessimismo sem fim.

Talvez você não saiba, mas boa parte desse estado pode ser uma projeção energética vinda do outro com quem você rompeu. Necessariamente isso não é algo intencional ou planejado.

O simples fato da fragilidade imposta pelo luto psicológico pode levar você a abrir campo na sua aura para que esse torpedo energético, vindo do outro, atinja você em cheio. Do pessimismo inicial, com o acréscimo provocado por essa parcela energética, você pode caminhar para a revolta, o mau humor e um estado de depressão.

A ignorância a respeito da parte invisível dos relacionamentos é algo lamentável. A carga de energias despejada pelas emoções e pelos aspectos energéticos é capaz de causar impactos bem mais desorganizadores do que aquilo que podemos fazer com a palavra falada, os olhares, os gestos ou nossas ideais.

Existem separações amorosas conflituosas nas quais, mesmo um dos dois tendo saído de casa, a sua influência energética fica ali a ponto de interferir prejudicialmente no sono do outro, na sua estabilidade orgânica, nos seus pensamentos e nas suas novas relações. Estas repercussões se estendem também às rupturas de relações de amizade, sociais, familiares e profissionais.

Esse campo energético, em relações de mais longo tempo, pode criar uma "entidade" com vida própria e com ação automática sobre você. Essa "entidade astral" tem poder de cura, quando é uma boa relação, ou tem poder de adoecimento, quanto se trata de laços tóxicos.

A projeção astral de formas-pensamento – clichês emocionais com vida própria – e os rastros energéticos da aura do outro são como se ele continuasse em sua vida, marcante, determinante e coagindo com intensa pressão na sua vida como um todo.

Um encerramento de relacionamento deveria ser alvo de uma terapia específica para tratar das mágoas, das perdas, para organizar um luto consciente e também para cuidar dos aspectos de limpeza astral e do ambiente físico de sua convivência, sua casa, seu trabalho, seus objetos, procurando e eliminando os catalisadores energéticos[1] que podem estar presentes nesses espaços, ampliando o raio dessa conexão entre os dois.

É fácil deduzir, diante dessas anotações, que sua vida de relação sofre influência decisiva dos intercâmbios anteriores que não foram curados. Curar relacionamentos significa transformar as pendências emocionais daquelas relações que não foram bem encerradas ou daquelas que ainda existem e se encontram mal resolvidas. Essas pendências emocionais se expressam em forma de feridas diversas. São mágoas, culpas, medos, abusos, mentiras, infidelidade, desatenção e desrespeito que sustentam memórias e sentimentos que permanecem vivos no subterrâneo do coração e da mente.

Quando você foi muito maltratado por alguém e desenvolveu essas feridas emocionais, elas exalam uma frequência invisível e você vai atrair pessoas exatamente com os mesmos assuntos pendentes a resolver.

Essa carga emocional das ligações antigas emite uma frequência de energias na qual você vive e respira no presente. Essa frequência é como se fosse uma digital do coração que identifica seu nível espiritual e qual vibração exala de sua aura. É assim que se forma sua identidade energética, sua marca astral, que vai atrair ou repelir pessoas ao seu círculo de convivência.

---

[1] São objetos que pertenceram a um dos cônjuges e retêm seu magnetismo, mas que permanecem na casa do outro. Possuem um significado afetivo especial, construído na convivência. Por carregarem este magnetismo, conectam energeticamente uma pessoa à outra, fortalecendo a ligação que há entre elas.

Se você é uma pessoa que carrega muita culpa decorrente de fatos passados, enquanto não resolver essa culpa, vai se encantar por pessoas que agem da forma como você gostaria de agir a respeito do assunto daquela culpa. Por exemplo, você custou a decidir-se por uma separação e arrastou um casamento por anos. Sua chance de se apaixonar por pessoas com a energia da coragem de decidir é muito grande, e isso pode ser muito bom ou muito ruim, dependendo de como você está se posicionando sobre sua capacidade de escolha e decisão na vida. Se você continua com essa dificuldade após uma separação, sua relação com alguém corajoso pode ser apenas uma forma de se acomodar ou fugir de desenvolver sua habilidade de decidir. O risco é se tornar alguém muito passivo e acomodado.

Em síntese, você vai buscar nos seus novos relacionamentos exatamente aquilo que não foi superado nos anteriores. Essa dinâmica se aplica em qualquer nível de convivência e serve para uma parcela muito grande de pessoas. Seus medos, culpas, carências, vergonhas e várias outras dores emocionais vão se propagar em ondas e definir sua nova convivência.

A vida amorosa e sexual sofre impacto determinante dos relacionamentos não curados. O chacra frontal – núcleo de força da percepção mental e racional –, o chacra laríngeo – núcleo de força da comunicação e da expressão dos sentimentos – e o chacra cardíaco – núcleo de força gestor e organizador da vida emocional profunda – são os principais pontos astrais afetados por essas velhas experiências. E cada um desses chacras em desarmonia instala uma doença orgânica ou mental, além de condutas e formas de pensar completamente limitadoras e modeladoras de tudo o que vier a acontecer nos novos enlaces amorosos.

As vinculações entre os seres se expandem em nuances muito pouco consideradas hoje em dia e pedem mais atenção. Vejamos o que encontramos a esse respeito em *O livro dos espíritos*, questão 414:

> Podem duas pessoas que se conhecem visitar-se durante o sono?
>
> Certo, e muitos que julgam não se conhecerem costumam reunir-se e falar-se. Podes ter, sem que o suspeites, amigos em outro país. É tão habitual o fato de irdes encontrar-vos, durante o sono, com amigos e parentes, com os que conheceis e que vos podem ser úteis, que quase todas as noites fazeis essas visitas.

Existe uma infinidade de relacionamentos anteriores não curados e que, apesar de não terem contato algum no campo da vida prática, permanecem fora do corpo durante a noite. Não existe divórcio energético, mas existe a necessidade do asseio de cordões energéticos. E esse asseio depende da cura interior de feridas não cicatrizadas. A sensação de abandono experimentada por muitas pessoas, após uma separação, ultrapassa o tempo. O tempo dessa dor pode ser muito mais amplo, podendo se arrastar por séculos e até milênios. Não é só a dor do abandono em si, mas é a ferida evolutiva do abandono que sangra e dói.

Tudo o que aconteceu no passado forma o piso mental e afetivo dos seus novos relacionamentos. Somos a soma de todos os nossos vínculos anteriores. Deles podemos manter a sombra ou a luz.

Se forem conquistas, a sua vida afetiva, em todos os níveis de convivência, atrai experiências plenas de abundância e prosperidade.

Se forem limitações, sua vida afetiva ficará submissa a crenças negativas e desacertos dolorosos pelas chamadas travas energéticas que se localizam nesses chacras citados.

É imperioso curar as velhas experiências para destravar sua vida emocional. Muitos conflitos nesse assunto decorrem dessa ausência de comprometimento em olhar para si mesmo, identificar suas necessidades de ajustamento e saber como escolher os novos caminhos em busca de leveza e maturidade, paz e alegria na alma.

28

> "Exercício para se libertar das conexões sombrias com os outros"

Seus relacionamentos anteriores podem ter sido difíceis, mas não são um fracasso. Com cada relacionamento você aprende muitas lições. A isso se propõem os encontros e convivências ao longo da vida: amadurecer conceitos e emoções, compartilhar recursos e desenvolver sua capacidade de autoconhecimento.

Não existe fracasso, existem resultados. Fracasso é uma forma de interpretar o que aconteceu tomando por referência o que você achava que tinha que acontecer.

Enquanto você acusar, cobrar e julgar as outras pessoas, sua vida vai ficar travada naquele ponto de aprendizado que você não avançou.

As lembranças serão amargas, a saudade será um chicote e a dor da separação será sobrecarregada por cobranças e malquerença, julgamentos e acusações.

O objetivo dos encerramentos é mostrar que existem novos aprendizados a serem feitos, novos caminhos a serem trilhados. Que há aprendizados tão essenciais que não podiam ou não tinham como acontecer naquela convivência que se acabou.

Maior que os relacionamentos, é sua evolução, sua cura, seu processo de crescer emocional e espiritualmente, sua felicidade e a da outra pessoa também.

Encerramentos podem ser certidões de repetência para quem não aprendeu a finalizá-los bem e certificados de libertação para quem absorveu a lição. Em quaisquer dos casos, a solução é olhar para a frente e assumir que uma vida nova o espera cheia de convites para aprender e viver novas e melhores experiências.

Se você ainda se encontra atormentado pelas dores de um encerramento, seja ele em que nível de experiência for, siga um exercício que pode favorecer o equilíbrio do seu estado íntimo e trazer-lhe uma percepção renovada.

Se você sentir que ainda não está pronto para essa iniciativa, respeite-se e apenas medite nas palavras do exercício, ficando somente com aquelas que lhe fizerem bem. Vamos a ele:

- Eu quero dizer a você... (nome completo da outra pessoa) que estou entendendo melhor as razões do universo para nos unir.
- Entendendo melhor, também, os motivos da vida para separar-nos.
- Eu sou grato pelos momentos de alegria que vivemos.
- Eu sou grato pelos sentimentos divinos que você me despertou.
- Também sou grato pelas situações difíceis que me obrigaram a ser alguém melhor para você e para mim.
- Sou grato por ter aceitado o meu amor.
- Sou grato por ter dividido seu tempo e seu interesse para me amparar.

- Ficarei sempre com a parte melhor daquilo que você me ofereceu.

- Tenho gratidão, sobretudo, por você nutrir os meus sonhos e ideais. Hoje entendo que esses sonhos são meus e você não podia e nem tinha condições de fazer parte deles do jeito que eu queria.

- Eu também não podia preencher seus ideais e nem seria capaz de iluminar todos os seus sonhos.

- O universo, que é perfeito, nos separou. Na sua perfeição, ele abriu nossos caminhos para melhores experiências. O universo é sábio e nos mostrou do que precisamos. Ele é justo e nos ofereceu o que merecemos.

- Sou grato por sua perfeição, sou grato por abrir nossos caminhos, sou grato por nos oferecer o que merecemos.

- Sou grato pelo que aconteceu. Sou grato pelo que estou aprendendo. Sou grato por não desistir do amor.

- Eu o liberto, eu o deixo ir, eu o solto.

- Eu o liberto, (nome completo da outra pessoa). (Repita três vezes.)

- Eu o solto e o deixo ir, (nome completo da outra pessoa). (Repita três vezes.)

Se preferir não realizar esse exercício, que tem finalidades terapêuticas muito eficazes, será importante que se recolha na oração para juntar forças e criar uma sintonia que lhe permita ampliar seu bem-estar diante dos momentos de sofrimento e superação.

Nesse caso, sugerimos essa maravilhosa oração que está em *O Evangelho segundo o Espiritismo*, capítulo 18, item 31:

> "Meu Deus, és soberanamente justo; todo sofrimento, neste mundo, há, pois, de ter a sua causa e a sua utilidade. Aceito a aflição que acabo de experimentar, como expiação de minhas faltas passadas e como prova para o futuro.
>
> Bons Espíritos que me protegeis, dai-me forças para suportá-la sem lamentos. Fazei que ela me seja um aviso salutar; que me acresça a experiência; que abata em mim o orgulho, a ambição, a tola vaidade e o egoísmo, e que contribua assim para o meu adiantamento."

29

> *Exercício para se libertar das conexões sombrias com quem lhe quer mal*

Quando você se conecta de uma forma julgadora e desrespeitosa com a parte sombria de alguém, fica desprotegido energeticamente. Nesse quadro, aquilo que você condena sistematicamente no outro é assimilado pela sua conduta e até as doenças do outro, dependendo de alguns fatores,[1] são puxadas para o seu corpo.

Chamamos essa interação de frequências de conexão mental. São laços ocasionais, criados com pessoas que passam pela sua vida por determinado período, com as quais você não tem uma convivência estreita e mais profunda. São contatos rápidos e algumas vezes muito prejudiciais. São inevitáveis, pois fazem parte dos mecanismos naturais de sintonia. Vamos colher o que plantamos, estejamos protegidos pela oração e vigilância ou não, lembrando que estes dois recursos nos predispõem ao êxito em nossos desafios de crescimento.

Não existe vida mental isolada. Não existe, no universo, a possibilidade de você progredir sem interagir com o meio e com as pessoas à sua volta. Você influencia e é influenciado o tempo todo. No entanto, a decisão interna e a escolha de como você quer viver e sentir, são suas. Quanto mais maturidade emocional, mais chances de você receber os impactos vibratórios de fora e manter-se no autocomando.

Tudo é uma questão de como está sua vida interior, como está sua vida psíquica e emocional.

---
[1] São as pendências emocionais apresentadas por Ermance ao longo da obra. O canal que permanece aberto para este acesso são os cordões energéticos não asseados.

Tem havido uma preocupação enorme das pessoas a respeito da inveja e do malquerer dos outros sobre si. E esse comportamento é agravado pela forma como muitos têm reagido a isso.

Quase sempre, quem teme o olho gordo – a inveja e malquerer do outro – joga gasolina na fogueira. Ao emitir malquerença e raiva pela forma como o outro se sente a seu respeito, você fecha um circuito de forças que interage com as vibrações venenosas, abrindo brechas para que elas atuem em sua vida.

Quem tem uma serpente por perto, não vai se defender atacando-a. A melhor defesa em relacionamentos tóxicos é organizar seu poder interior, sua força espiritual para o bem. É um ato de autoamor munir-se de forças nobres e que qualificam suas atitudes na caridade e na bondade, irradiando a luz que dissipa qualquer treva.

Considerando as necessidades de proteção e identificação com sua própria consciência, vamos propor um exercício de ótimos resultados.

Em algumas situações, você pode resolver isso da seguinte forma: pense na pessoa e dê as mãos a ela em sua mentalização. Diga com sentimento sincero:

- Peço-lhe perdão por julgá-lo e olhar de forma sombria para você. Devolvo tudo que lhe pertence e que puxei para mim com o meu julgamento e o meu desrespeito (mentalize soltando as suas mãos das mãos dela).

- Além de devolver o que é seu (agora, mentalize as mãos abertas na direção da pessoa; pode fazer o gesto fisicamente) ainda lhe envio forças luminosas do meu coração.

- Que em sua vida você tenha a força de paz. Que você encontre a força de aceitação e construa a força do respeito ao redor de seus passos.

- Eu o abençoo e peço a Deus pelo seu bem. Eu ilumino seu caminho (pense por alguns instantes em uma luz de cor verde sobre a pessoa da sua mentalização).

Se você fizer isso com sentimento sincero, fé e seriedade, os resultados são imediatos.

Entretanto, não se esqueça. O problema não é da outra pessoa, e sim da forma como você se conectou a ela. Portanto, preste atenção nos julgamentos que faz e passe a se cuidar mais na convivência com os outros, pois muitas dores, desajustes emocionais, doenças físicas e psíquicas, entre vários outros desconfortos, podem ser provenientes desse tipo de conexão.

Como acréscimo ao exercício, sugerimos a belíssima oração que está em *O Evangelho segundo o Espiritismo*, capítulo 28, item 47:

> Meu Deus, perdoo a N... o mal que me fez e o que me quis fazer, como desejo me perdoes e também ele me perdoe as faltas que eu haja cometido. Se o colocaste no meu caminho, como prova para mim, faça-se a tua vontade.

Livra-me, ó meu Deus, da ideia de o maldizer e de todo desejo malévolo contra ele. Faze que jamais me alegre com as desgraças que lhe cheguem, nem me desgoste com os bens que lhe poderão ser concedidos, a fim de não macular minha alma por pensamentos indignos de um cristão.

Possa a tua bondade, Senhor, estendendo-se sobre ele, induzi-lo a alimentar melhores sentimentos para comigo!

Bons Espíritos, inspirai-me o esquecimento do mal e a lembrança do bem. Que nem o ódio, nem o rancor, nem o desejo de lhe retribuir o mal com outro mal me entrem no coração, porquanto o ódio e a vingança só são próprios dos Espíritos maus, encarnados e desencarnados! Pronto esteja eu, ao contrário, a lhe estender mão fraterna, a lhe pagar com o bem o mal e a auxiliá-lo, se estiver ao meu alcance.

Desejo, para experimentar a sinceridade do que digo, que ocasião se me apresente de lhe ser útil; mas, sobretudo, ó meu Deus, preserva-me de fazê-lo por orgulho ou ostentação, abatendo-o com uma generosidade humilhante, o que me acarretaria a perda do fruto da minha ação, pois, nesse caso, eu mereceria me fossem aplicadas estas palavras do Cristo: Já recebeste a tua recompensa.

30

> *Paciência:
> uma conquista
> da humildade*

O que poucos sabem é que paciência não é uma emoção. É um estado emocional.

Quem olha para ela como emoção, quer senti-la fazendo força, usando recursos que exigem muita energia. Podem até chegar a conseguir em uma ou outra ocasião, usando respiração, oração, chá calmante, vontade firme e outros mecanismos mentais que reprimem a explosão de impaciência, e isso tem muito valor.

Reprimir, porém, não significa conquistar, é apenas controle. Quando você conquista, você a expressa na forma de ser e não apenas domina seu lado sombrio.

A conquista da verdadeira paciência, como estado emocional, é um efeito, um resultado de uma série de comportamentos e formas de lidar internamente com os acontecimentos da vida externa.

Para entender isso, é necessário mergulhar em um processo de autoconhecimento diário e verificar, por meio de um balanço – fruto da observação cada vez mais constante –, em quais contextos você foi impaciente, para começar a analisar o que está na raiz desse estado explosivo. Vamos analisar três aspectos.

Em primeiro lugar, percebemos que algumas pessoas são impacientes porque não aceitam os acontecimentos da vida. Querem que a vida siga de determinado modo e estão sempre pressionados pelo que os problemas representam na sua vida mental. Adicionam a eles uma visão pessimista e pesada demais, aumentando suas proporções.

O sentimento mais presente para o não aceite dos problemas costuma ser o medo, seja ele o de perder algo – o que transforma a vida emocional em uma tormenta – ou o medo do futuro. Aqueles que já perderam algo importante e não aceitam mais perder nada têm o medo do futuro em função dessas perdas do passado e do que elas podem significar no presente. Outro sentimento muito comum é o da revolta. Há pessoas revoltadas com a vida, que não a aceitam e ainda acham que o mundo é um lugar infeliz, projetando sempre a sua inconformação em tudo e em todos. Quem não aceita a vida e as pessoas como elas são, é muito impaciente.

Em uma segunda abordagem, vemos outras pessoas que são impacientes porque estão sempre sobrecarregadas, ultrapassando seus limites em alguns ou muitos aspectos da sua vida ou em uma relação conflituosa. Uma das emoções mais presentes em pessoas assim é a irritação, que é um sinal de alerta de que algo está além de suas forças. Quem está vivendo com cargas maiores do que as que suporta carregar tende a produzir um clima vicioso de impaciência.

Em terceira análise, existem também as pessoas impacientes por serem portadoras de um temperamento agressivo. A agressividade é uma energia benéfica enquanto promotora do instinto de defesa. Ela é uma das mais fortes energias de proteção da aura. A agressividade é força e não uma conduta. O que essas pessoas não sabem é o que fazer com essa força e quase sempre a transformam em um hábito de ser impaciente, colérico e destrutivo. É aí que essa força se volta contra a própria pessoa, deixando de ser um escudo de proteção e se tornando um espinho que a fere, furando buracos na aura e desprotegendo-a. Quem possui essa qualidade da agressividade sem a habilidade de usá-la de forma inteligente, é muito impaciente e caminha para a violência. Isso, sim, é um problema.

Não existe quem nasça impaciente ou paciente. Existem formas de lidar com a vida e as respectivas emoções que esses fatos provocam no íntimo de cada um de nós.

Sem dúvida, a impaciência é um sintoma claro da nossa falta de maturidade emocional, de não sabermos como viver de bem com a vida. Até aí, tudo bem. Afinal, qual de nós nasce pronto, paciente e bonito emocionalmente?

O que torna esse tema muito grave é acharmos que somos impacientes e vamos morrer assim, como se isso fosse um traço da personalidade irreparável e impossível de se transformar ao longo da vida.

Quantas pessoas eram impacientes e mudaram?

Quer ser mais paciente? Não use apenas repressão. Isso vai matar seus nervos. Descubra, por meio de constante autoavaliação, qual a natureza da sua impaciência. O que é que está por trás dessa conduta infeliz que hoje é tremendamente rejeitada e que pode pôr a perder uma vida. Quantos acidentes, mortes e fatos nocivos não acontecem por conta desse estado emocional? Pessoas impacientes querem tudo no seu tempo. Isso não funciona assim na sociedade ou na vida de relação.

Pessoas impacientes não nasceram assim. Acostumaram-se a ser assim. Não acharam ou não quiseram achar outro caminho.

Da mesma forma, pessoas pacientes não são assim porque nasceram assim. Elas aprenderam a lidar com o que as tornava mal-humoradas, irritadas, estúpidas, mal-educadas, ansiosas, depressivas, negativas, melindrosas e explosivas. Na raiz de todas essas condutas lamentáveis, vamos encontrar um agente comum, muito bem apresentado em *O Evangelho segundo o Espiritismo*, capítulo 9, item 9:

> Pesquisai a origem desses acessos de demência passageira que vos assemelham ao bruto, fazendo-vos perder o sangue-frio e a razão; pesquisai e, quase sempre, depareis com o orgulho ferido. Que é o que vos faz repelir, coléricos, os mais ponderados conselhos, senão o orgulho ferido por uma contradição? Até mesmo as impaciências, que se originam de contrariedades muitas vezes pueris, decorrem da importância que cada um liga à sua personalidade, diante da qual entende que todos se devem dobrar. Um Espírito protetor. (Bordéus, 1863.).

A recomendação é clara. Seja por medo, sobrecarga, agressividade ou quaisquer outras causas, o orgulho ferido é a raiz de toda impaciência.

A paciência é uma conquista da humildade, de saber seu valor real, de ter conexão com sua força pessoal, de ter consciência de suas qualidades e talentos e deles tomar posse.

Os humildes, por terem mais noção de limites e por saberem do que dão conta com mais clareza, lidam bem com seus medos, evitam sobrecarga e são muito conscientes de suas reações, impedindo que a agressividade ganhe conotações infelizes.

31

> "Sexo e repercussões energéticas"

A permuta sexual é como uma usina de forças afetando positivamente vários sistemas do corpo físico.

O que poucos sabem é que a energia sexual não é usada somente durante o ato em si. Ela também possui componentes muito importantes em toda a fisiologia astral, envolvendo todos os corpos sutis em variados contextos da vida relacional.

Quando você aciona o seu desejo por alguém, quando se permite excitar com uma simples imagem ou quando usa sua inteligência para piadas devassas ou a troca de conteúdos que envolvam o sexo, parte energética dessa força está em ação.

Um homem que fixe seu olhar e foca seu desejo intenso em uma mulher pode, a partir disso e em alguns contextos, ressaltando bem que não em todos, conectar-se a essa pessoa por fios invisíveis. Vale ressaltar que não é a mesma conexão dos chamados cordões energéticos. São conexões mentais intensas e vivas, capazes de criar uma comunicação astral entre essas duas pessoas, desde uma simples atração até os mais complexos envolvimentos afetivos. Tudo isto, repito, dependendo dos contextos em que vai se desenvolver o contato.

Nessa ótica, um simples olhar sensual pode mudar toda uma vida entre duas pessoas, desde que ambas as partes reajam com a reciprocidade.

A intensidade desse vínculo e como ele se une com a libido determinam consequências energéticas de larga complexidade. Há uma intricada ligação entre sexo, afeto, corpo físico e campo energético.

Fantasias sexuais com uma pessoa lançam frequências energéticas que podem ser respondidas por essa pessoa de alguma forma, caso haja sintonia entre elas. O desejo sexual é algo muito influente na vida e conecta as mentes e os campos de energia.

O que é importante ser destacado é que toda movimentação dessa energia é sempre uma porta que se abre para conexões que podem adoecer, intoxicar e dinamizar várias sensações e sentimentos dolorosos. Isso pode trazer sérios problemas, quando usadas com intenções menos saudáveis e egoísticas, machucando corações e criando perturbações. Assim como pode gerar vida, alegria, bem-estar e saúde, quando a permuta se orienta pelas estradas do amor, do respeito e da confiança.

Por meio dessas conexões doentias na área sexual, você pode perder energia vital, afetar seu sono, criar dores musculares decorrentes de bolsões energéticos (fibroses no duplo etérico), apresentar quadros inexplicáveis de ansiedade intermitente e inquietude interior, alterar significativamente seu equilíbrio afetivo, com consequentes estados de confusão mental, ser acometido continuamente por irritações compulsivas, desenvolver paixões e encantos amorosos enlouquecedores por pessoas que não têm nenhuma sintonia com suas propostas de vida, construir castelos de areia a respeito de relacionamentos e extrema facilidade para a baixa de imunidade aos quadros de DST.

Sexo é um patrimônio da alma que envolve também o corpo e o próprio equilíbrio do ser humano. Quando partilhado com amor genuíno e dignidade, tem chances de gerar frutos sadios em favor da saúde mental e espiritual.

É fato que uma pessoa mal resolvida no tema do sexo pode usar essa força contra si própria, provocando quadros de enfermidade psicológica e emocional profundos.

A educação emocional para o uso digno das forças sexuais orienta o que fazer com as variadas formas de manifestação dessa energia para sua felicidade e seu equilíbrio. Faz-se necessário entender seu corpo e seu desejo, usando sua sexualidade para seu próprio bem e não para participar das formas imaturas da sedução, na exclusividade do prazer egoístico e da conquista de alguém, sem consideração e empatia pelo que o outro quer e sente. Com relação a este assunto, recebemos um importante indicador de progresso moral em *O livro dos espíritos*, questão 701:

> Qual das duas, a poligamia ou a monogamia, é mais conforme a lei da Natureza?
>
> A poligamia é lei humana cuja abolição marca um progresso social. O casamento, segundo as vistas de Deus, tem que se fundar na afeição dos seres que se unem. Na poligamia não há afeição real: há apenas sensualidade.

Quem consegue e quer tomar por base o espírito imortal, não pode negar a existência de leis que regem todos os envolvimentos da sexualidade humana. É necessário investigar, nos novos modelos de relacionamento, que componentes são fundamentais para a felicidade e o equilíbrio. Afeição, amorosidade e sensualidade são temas que necessitam de discussão e observação, para não serem tratados como questões inerentes somente ao corpo físico.

Sexo é energia. Portanto, sua ação invisível em nossas vidas toma dimensões que precisam ser mais bem examinadas, se quisermos construir maior estabilidade e paz em nós mesmos. Sexo é relacionamento e carece de amorosidade para estabelecer caminhos saudáveis e benéficos à luz do bem e da saúde.

32

> "Você atrai as pessoas conforme o tratamento que aplica a si próprio"

Quando existe uma química de atração entre duas pessoas, todo um conjunto de forças está em movimento, conectando-as. Um dos aspectos mais sutis e ignorados nesse encontro energético são as ligações do sombrio mental dos dois. Esse lado sombrio é composto por carências, imperfeições, pendências e doenças emocionais diversas. Nesse sombrio, também há qualidades que raramente são acessadas.

Alguns nomeiam como carma a dificuldade de conquistar pessoas melhores em seus relacionamentos. É necessária uma reconceituação básica sobre o assunto. O carma não é atrair pessoas complicadas ou ruins. Seu carma é aprender a resolver dentro de você o sombrio que atrai esse tipo de pessoa. A respeito das nossas dificuldades nessa área, vejamos o que encontramos em *O livro dos espíritos*, questão 267:

> Pode o Espírito proceder à escolha de suas provas, enquanto encarnado?

> O desejo que então alimenta pode influir na escolha que venha a fazer, dependendo isso da intenção que o anime. Dá-se, porém, que, como Espírito livre, quase sempre vê as coisas de modo diferente. O Espírito por si só é quem faz a escolha; entretanto, ainda uma vez o dizemos, possível lhe é fazê-la, mesmo na vida material, por isso que há sempre momentos em que o Espírito se torna independente da matéria que lhe serve de habitação.

A grande maioria das provas ordinárias do espírito encarnado é resultado de sua conduta, de sua energia e de suas escolhas diárias. Você pode projetar seu lado sombrio na outra pessoa e se apaixonar por alguém que tem aspectos doentios muito similares ao seu. Será alguém que vai tratá-lo como você se trata. Na verdade, nesses casos, você se apaixona por você em outra pessoa. Evidentemente, isso não é nada saudável, embora necessário ao aprimoramento e aprendizado da alma.

Se você está com um contato muito mal resolvido com seu sombrio, atrairá sempre algo similar para perto de sua vida, para enxergar-se melhor e perceber suas próprias dificuldades.

Da mesma forma, conforme solidifica o autoamor, a autoestima, a dignidade, a vida reta, os bons costumes e o cultivo do bem e da luz vão se aproximar e vão permanecer na esfera da sua vida as pessoas de valor e com muita riqueza na alma.

Infelizmente e, quase sempre, verifica-se o contrário. As uniões instáveis terminam de forma dolorosa e as pessoas envolvidas ficam se acusando, responsabilizando-se mutuamente pelas infelicidades, sem olhar sua parcela pessoal de necessidade de aprimoramento.

As uniões difíceis e os relacionamentos desse tipo são espelhos para olhar a si próprio, observando e destacando a escolha que você fez por estar com esse alguém que o feriu e não só o que o outro fez a você. Pare, pense e responda: o que há em você que atraiu essa pessoa?

Por mais que se estude esse assunto, fica claro que os fatores causais preexistentes aos relacionamentos são sempre internos, acompanhados de um profundo, doloroso e quase sempre inconsciente sentimento de não merecimento.

A formação desse perfil psicológico, que tem sua base nas vidas passadas, pode ter um reforço na infância. A autoimagem na vida adulta é um fator básico que provoca escolhas infelizes e reflete a imaturidade emocional para lidar com os conflitos internos decorrentes dessa causa. A relação insegura, com maus-tratos e perturbada por condutas do pai e da mãe, podem formar na mente da criança os modelos daquilo que ela vai entender por amor pela vida inteira, acreditando-se merecedora daquele modelo infeliz de relação afetiva.

Esse grupo psicológico é composto por pessoas com baixa autoestima, muito desconfiadas, sempre com a sensação de que os outros vão feri-las, mentir e fazer algo ruim para elas. Isso desenvolve uma profunda insegurança nas relações e um medo aterrorizante de rejeição. E esse é o caminho para três tipos de relacionamentos:

- Instáveis – que não oferecem reciprocidade e retorno.
- Tóxicos – que causam muito sofrimento e desgaste.
- Destrutivos – no qual existem abuso e exploração, além de agressão e maus-tratos.

São relacionamentos que só sugam, que não agregam valor. São mantidos por pessoas que não se valorizam, não reconhecem seus limites, não sabem dizer não e não sabem fazer escolhas que valham minimamente a pena.

Um quadro emocional resume a causa dessa energia de atração: carência afetiva.

Esse quadro forma um campo energético que puxa para perto indivíduos com problemas semelhantes, uma vez que os chacras emitem as energias como se fossem um ímã com radares independentes para detectar as vibrações complicadas e, dependendo das características psicológicas e emocionais, alguns dos chacras vão adoecer e trazer para perto o estado vibracional da pessoa que esteja naquela frequência.

No sentido espiritual e cármico, são pessoas que já abusaram do amor com muito narcisismo, priorizando seus interesses pessoais em detrimento dos do outro; que desvalorizaram muito a fidelidade e o cuidado com outros corações. Mas se isso fizer parte de seu histórico, o que importa é mudar isso. Você veio à Terra para isso, não é? Carma não significa suportar dores. Melhor, significa superá-las. Carma é uma dificuldade que você construiu e precisa descontruir, dentro de você, aprendendo a ser diferente. Seu carma não é arrumar pessoas complicadas, ter esse odor emocional que atrai dissabores e perturbação, é descobrir as causas e avançar para a cura, que será construir uma emanação saudável de amorosidade.

O que importa é você olhar para quem você é no presente e ver o que vai fazer a seu favor. É buscar o caminho para a maturidade emocional na construção de relacionamentos saudáveis, curando essa carência.

Registremos alguns pontos curativos sobre o tema, que precisam ser retificados:

1. Alimentar a cultura da idealização: você se negar a ver os defeitos do outro, ter cegueira emocional ao se interessar por alguém, é um sintoma de carência. É necessário entender que o outro é de carne e osso e, provavelmente, tem imperfeições. É preciso trabalhar as crenças sobre o que é certo e errado e também sobre o que é ser amado.

2. Acreditar no poder de mudar o outro: para cumprir seu *script* de amor – viver a relação do jeito que acha que ela deve acontecer –, você gera um profundo abismo de compatibilidade e afasta a chance da conduta da reciprocidade, ambas essenciais em qualquer relação de amor. É urgente a necessidade de mergulhar na importância de desiludir-se das crenças sobre o que seja uma relação de amor.

3. Querer livrar o outro de suas frustrações: ao agir assim, você não está dando uma grande prova de amor. A recomendação é também se aprofundar nos seus conceitos sobre o que é fazer o bem pela pessoa amada, trabalhar a noção corrompida de ajudar e desenvolver uma melhor relação com a sua culpa.

4. Agir como se amar tornasse os dois um só ser: mesmo se amando, vocês são dois na relação, com gostos, interesses e buscas diferentes. Nesse ponto, o trabalho é entender o que impede a boa convivência com a diversidade e descobrir os padrões falsos de segurança na convivência.

Transformar seu perfil psicológico não significa que você vá conseguir um relacionamento maravilhoso e que tudo vai dar certo. Você apenas vai saber determinar melhor o que não quer mais para si e, mesmo que atraia relacionamentos complicados, terá mais condições de saber o que fazer para se proteger quando isso acontecer, aceitando somente o que traz a felicidade, usando toda a sua força e sua capacidade de escolher e tomar atitudes rápidas.

Quem deseja um grande amor, espalha amor na vida de diversas formas, se tornando uma pessoa boa aos semelhantes, com bom humor. É aquela pessoa que os outros querem por perto. Seu campo energético atrai o melhor que existe à sua volta.

2ª Parte

Reflexões sobre relacionamentos sugeridas por leitores

01

> *Pessoa perfeita para o amor*

Não existe uma pessoa perfeita nos relacionamentos. Existe uma pessoa "perfeita" para atendê-lo na medida exata do que você precisa no seu relacionamento. Há aquela que vai satisfazer e preencher o seu imaginário a respeito do amor que você já consegue viver, lembrando que esse imaginário reflete suas imperfeições e conquistas.

Essa pessoa que você considera perfeita se encaixa em seus méritos e em suas necessidades.

Quando você tenta explicar o porquê de ela ter se aproximado de você, de ter sido ela com quem você se identificou e escolheu, faltam-lhe as respostas. Isso é natural, pois esse é um tema que envolve a esfera da alma e suas energias.

Aquela pessoa, do jeito que é, e sendo quem é, traz vibrações, frequências energéticas e forças espirituais que são autênticas motivações para desenvolver em você o seu melhor, ainda que o caminho seja repleto de dificuldades e desafios.

O amor passa por aí. Nesse encontro de almas no qual, sem saber explicar as suas afinidades por meio de palavras, existe o encaixe de almas que se dão as mãos e, juntas, usufruem um profundo e confortável prazer de caminhar uma ao lado da outra, com toda a intimidade possível, sob o amparo do amor que acolhe, protege e estimula para uma vida com mais alegria.

02

> "Uma forma infeliz de compensar a falta de autoamor"

Quando não sabemos nos cuidar bem, com autoamor, estabelece-se um vazio existencial: a dor de não ter a si próprio.

Quanto mais esse vazio toma conta do coração, mais se acentua a compulsão de ajudar os outros. Queremos nos tornar necessários e úteis às pessoas que amamos, para experimentarmos a sensação de que temos algum valor e para recebermos a consideração alheia. Não que ser bom seja algo negativo, mas o motivo para ser bom não deve ser esse.

A falta de autoamor é, de fato, uma das piores tragédias humanas. Quanto mais nos abandonamos, mais precisamos cultivar a ilusão de sermos uma boa pessoa para os outros.

Quanto mais nos distanciamos do autoamor, mais prepotentes seremos a respeito da ajuda que supomos prestar aos outros, tombando em terríveis ciladas do ego. É quase sempre assim. Quanto menos autoamor, mais arrogância.

03

> "Preserve sempre sua identidade em qualquer experiência relacional"

Todo relacionamento exige uma dose de adaptação das duas partes. Essa adaptação só é nociva quando afeta a sua identidade pessoal.

Os principais, mas não os únicos, sentimentos e emoções que indicam um conflito nesse tema são raiva, ciúme, rejeição, revolta, tristeza, mágoa, frustração e desconfiança. Tais sentimentos são promotores de cobrança, controle e julgamento.

A maioria das pessoas não sabe o que fazer diante desse universo emocional, rompendo relações promissoras ou mantendo-se em outras que jamais avançariam.

Em resumo, quem se autoabandona para completar-se no outro vai suprimir sua originalidade, sua luz pessoal, e vai se entregar às experiências dilapidadoras do coração.

Dói muito mais perder a si próprio.

04

> "O momento adequado para tomar uma decisão na convivência"

Esta é uma vivência emocional profunda, sutil, raramente perceptível.

Quando você decide algo a respeito de um relacionamento em momentos de perturbação interior, nada parece ser sólido, sensato ou coerente. Aí, você desiste daquilo por não se sentir seguro sobre seu querer e sobre sua decisão.

A parte incrível vem depois, quando você melhora, recupera o estado íntimo e percebe, por motivos de autoestima, que ainda persiste aquela decisão dos momentos tormentosos, só que, agora, por razões lúcidas, sensatas e com novas e essenciais perspectivas.

Não vale a pena tomar decisões em momentos de desequilíbrio. Acomode-se primeiro, resgate o relacionamento a um nível minimamente saudável, depois, sim, quando em melhor conexão consigo próprio, pergunte-se o que vai fazer com tudo aquilo que passou no seu coração nos momentos sombrios.

Você pode perceber coisas incríveis que fazem você se entregar determinadamente à relação ou, também, pode chegar à conclusão a respeito daquilo que você não quer mais.

Daí para diante, seja o que for que acontecer, é para o bem, é para a luz.

05

> *O melhor sintoma de fechamento de ciclo na vida afetiva*

Fechamento de ciclo é uma experiência emocional profunda, sutil, raramente nítida e, provavelmente, definitiva.

Sem estar agradecido pelo que lhe aconteceu no relacionamento anterior, você não alcança, com a melhor forma, o começo de um novo.

Quando você consegue isso, fica claro que sua energia está livre de amarras afetivas para novos rumos. E quando você abençoa quem passou pela sua vida, com incondicional sentimento de gratidão, você está dizendo para a vida: estou pronto para uma nova etapa!

06

> A fórmula para dar certo no amor

Não existem fórmulas, existem experiências únicas e particulares de cada par, para duas pessoas que se amam procurando dar certo no amor.

É recomendável, porém, que não se deixem encharcar de ilusão, se entupir de expectativa ou permitir os impulsos nocivos da paixão sem o apoio da razão.

Passar pela vida sem tentar é muito mais danoso que chegar ao fim da existência pensando: e se eu tivesse tentado? Celebre sempre a coragem de tentar e não lamente pelos erros do caminho. Parece ser esse o preço que todos pagamos para conquistar respostas e entender como fazer as coisas serem melhores para nós e para quem amamos. Ore do fundo da sua alma: "Vida, está em suas mãos! Eu estou pronto para o que você acha que mereço e preciso. Eu fiz minha parte. Não me acomodei e nunca me acomodarei".

07

> O pior caminho para se conquistar alguém

Você gosta de alguém que está comprometido, é um amor impossível.

Tenha atenção, pois o seu sentimento para que a união do outro não dê certo e essa pessoa venha para você é a pior energia que pode existir para que a vida o presenteie com alguém que você merece.

Abra seu coração. Aceite. O universo o escuta. Você vai ver o resultado.

08

> "Cada relacionamento é uma lição nova e diferente"

Você vai, sim, usar um pouco ou muito do que aprendeu em seus relacionamentos anteriores. Isso não serve de garantia para que você faça disso uma fórmula para evitar conflitos e dissabores nos relacionamentos que virão.

Porque cada pessoa é um universo, cada relacionamento é uma experiência diferente, cada encontro entre duas pessoas depende de dezenas ou centenas de itens que fazem acontecer, ou não, uma conexão profunda e realizadora.

E para superar as fórmulas e se lançar no terreno das experiências, é necessária a coragem de tentar, de experimentar os limites do amor e da interação entre duas pessoas. Isso tem profundo significado para um sim ou para um não, quando o assunto é a vida a dois. E pode validar ou não a certeza daquilo que vale a pena e do que não vale.

09

> *Encerramentos mal resolvidos*

As consequências de um fim de relação mal resolvido, seja em que nível de convivência for, podem ter proporções inimagináveis.

Sim, existem algumas pessoas que são práticas, outras até insensíveis, que lidam com o fim das relações com certa indiferença. Pouquíssimos, porém, são maduros o bastante para saber lidar com o assunto de modo sábio.

Encerramentos doem e deixam marcas que podem ser para uma ou mais vidas. É preciso tratar a experiência com muito cuidado. Não brinque com isso como se o tempo fosse capaz de pôr tudo no lugar.

Você talvez não saiba, mas uma doença orgânica ou um quadro persistente de ansiedade, entre uma infinidade de outras enfermidades, pode se originar de términos afetivos dolorosos e não curados. E aqui não falamos só de relacionamentos conjugais, mas de todos os outros também.

10

> A função do encontro a dois

Parece que a função real mais profunda de cada encontro na vida é revelar nossa sombra e nossa luz.

A conexão de dois espíritos não é criada apenas para diversão e lazer. Juntamo-nos para ser o espelho um do outro. Para rever velhas imagens ou descobrir a nós próprios. Os outros são o conjunto dos nossos reflexos.

Pobre daquele que apenas espera por bons momentos em seus relacionamentos, como se o sentimento de amor fosse suficiente para evitar dissabores e conflitos. Lutamos para fazer o melhor. É o que compete a cada um de nós. Nada mais! O restante é aprendizado pessoal.

Estamos com as pessoas certas, no lugar certo e na hora exata.

É muito fácil responsabilizar o outro, destacar seus problemas, ter uma lista de exigências para com ele. Difícil é assumir o medo que temos de perder essa pessoa; é entender que transferimos muito poder ao outro e nos desvalorizamos. Tortuoso é entender que, por mais imperfeições que o outro carregue, somos nós que decidimos se vamos transformar nossa vida em um inferno ou em uma escola.

Toda dor nos relacionamentos é sintoma de que há algo em nós a ser modificado.

11

> "Para quem nos pediu uma oração pelos casais que iniciam seu relacionamento"

— Deus, hoje venho lhe pedir por nós, que estamos começando nossa construção de amor.

Sabemos que, mesmo diante da luz dos sentimentos mais legítimos que nos unem, as nossas sombras interiores e a nossa conduta podem nos causar dores e momentos desagradáveis.

É por isso Pai, que peço que nos dê forças, sensibilidade e carinho suficientes para nos perdoarmos mutuamente, vencer nossas diferenças, limpar os efeitos negativos dos nossos descuidos e encontrarmos sabedoria para avançar.

Ajuda-nos Deus, a nos manter na melhor parte um do outro e a deixar nosso amor guiar nossos caminhos, enriquecendo-o de vitória, força e alegria. Protege nossos laços de todo o mal.

Amém!

12

> Um segredo essencial na arte de amar

Um grande segredo do amor está em ter a coragem de enfrentar essa nossa compulsiva necessidade em querer adaptar o outro ao que esperamos que ele seja. Ou até a necessidade de sermos o que a outra pessoa quer que sejamos. Ninguém é obrigado a isso. Que ilusão! E como machuca!

Se o outro nos amar por decisão própria, porque ele quer nos amar, já é essencial. Se vamos amar o outo, temos de conhecê-lo e aceitá-lo como ele é.

Talvez seja esse o grande segredo da arte de amar.

13

> Companheirismo

Companheirismo, num conceito simples, é ser boa companhia. Saber fazer uma hora durar mais que sessenta minutos. O tempo ao lado da boa companhia passa rápido, mas você não sente. Ao contrário, parece durar menos por passar mais rápido.

Companheirismo é tempo para carinho, para olhar juntos algo que nos chame a atenção.

Companheirismo é ter alguém que nos preencha com presença, ensinos e diversão.

Companheirismo é compartilhar prazeres da vida com alegria e entusiasmo, a tal ponto que aquela pessoa se torne única, e as dificuldades se tornem necessárias e importantes.

Fico pensando se, a quem ama, interessa algo mais que companheirismo.

14

> "Conflitos são necessários"

Quem acredita que uma relação a dois bem-sucedida é aquela que não tem conflitos e problemas, e que a convivência é uma completa paixão, o tempo todo, está com uma visão irreal de relacionamento, amor e felicidade.

Tempo, necessariamente, não significa superação, assim como ausência de embates não significa paz no relacionamento. É na superação diária que o casal mostra sua habilidade de encontrar saídas para os problemas que geram os conflitos. O amor é provado quando tudo está muito difícil, mas o sentimento é a boia que impede que a relação se afogue em desafios de crescimento.

Seja qual for o caminho, as melhores chances para um relacionamento se fortalecer são: desenvolver a honestidade emocional do casal; achar tempo nesse mundo imediatista para cultuar o romantismo e conversar; ter a presença da alegria e da diversão; usufruir de um sexo revitalizador; contar com a cumplicidade na rotina; cuidar do afeto com abundantes gentilezas; e, acima de tudo, entender que conflito faz parte e tem por objetivo regular alguma questão entre o par.

15

> "Acordo de corações para iniciar bem um relacionamento"

Uma relação afetiva embasada no amor verdadeiro e duradouro é a expressão do seguinte acordo, selado no recesso de dois corações que se amam e comunicado silenciosamente por meio dos seus atos:

"Olhe, que fique claro entre nós, eu estou muito interessado(a) em você e desejo sinceramente colaborar para agregar valor e tornar sua vida ainda mais feliz, assim como acredito que você pode agregar e tornar a minha mais feliz também. Todavia, deixo claro que vivo bem sem você e o amor que tenho por mim me basta. Portanto, se vamos nos amar, faça por onde me merecer".

Essa é uma forma muito protetora e promissora de começar – e manter – uma relação a dois. Entretanto, geralmente, os relacionamentos não começam com esse acordo porque ambos são orientados por lamentáveis crenças de dependência, que estimulam terceirizar ao outro a ingrata responsabilidade de um ter de fazer o outro feliz.

16

> *Nunca desistam de amar*

Quando se extingue o desejo de amar, tudo acaba. Sem o alimento do amor, morre o sonho. Sem sonho, não há força para o progresso. Sem progresso, a vida se acomoda. O brilho do olhar se apaga. O sorriso termina. Falta o fôlego da existência.

Sem contato com a energia do amor, teremos que admitir a possibilidade de roubar de nós mesmos, perdendo a chance maravilhosa de ser quem somos.

O amor é a magia do Criador na qual nos movemos e vivemos. Sem ela apenas sobrevivemos.

Nunca desistam de amar.

17

"*Prisões energéticas*"

Existem duas emoções que constroem verdadeiras prisões energéticas nas relações humanas: o julgamento e a expectativa.

O julgamento é você esperando demais do outro, desmerecendo e desrespeitando quem ele é.

A expectativa é você esperando demais do outro, valorizando exageradamente o que ele pode dar ou ser.

Estas duas posições lhe fazem mal e colocam pesos emocionais capazes de criar barreiras imaginárias na sua convivência diária.

Aceite os outros como são. Dói menos e liberta.

18

> *Você não responde pela dor dos seus amores*

"Eu não vou mais responder pela infelicidade de quem amo!". Essa frase é a melhor expressão de que você está recuperando a sua sanidade e aprendendo verdadeiramente o que é amar.

Isso não quer dizer que você não vá lamentar ou até sofrer com a infelicidade dos seus amores. Apenas, que você não vai mais se iludir em supor que o problema é seu e que é você quem tem de resolver.

Amor legítimo liberta, não o prende a compromissos que não lhe pertencem.

19

> "Abençoe todas as suas experiências"

Quem fica amaldiçoando os seus relacionamentos anteriores, está colocando uma algema vibratória nos seus próprios passos.

Lembre-se: foi você quem escolheu e aceitou aquela pessoa em sua vida. Foi você quem permitiu e consentiu a entrada dela na sua intimidade física e astral.

Cada pessoa que cruza seu caminho é uma lição e um degrau na subida da evolução.

20

> *Pessoas abertas para o amor*

Pessoas que anseiam por um grande amor precisam estar afinadas com a vibração do amor verdadeiro. E como fazer isso?

Abrindo-se para amar, verdadeiramente. Estar em sintonia com a atitude de abertura de que o amor necessita. O que trava este sentimento é querer ser amado sem o cuidado de oferecer um grama de bondade e luz ao mundo. Isso é carência, egoísmo e outras enfermidades que só embargam a vida amorosa.

Pessoas realmente abertas para o amor se alegram com o brilho alheio, possuem um magnetismo que provoca uma boa energia no próximo, são desejadas como companhia, abrem mão de seu tempo para abençoar o caminho alheio com generosidade. Pessoas abertas ao amor são expansivas, evitam a queixa e vão à luta, constroem ao invés de reclamar, perdoam o passado e tudo o que aconteceu, ao invés de ficarem lamentando suas perdas e erros e os dos outros.

Pessoas abertas ao amor fazem sem esperar, respondem com alegria à felicidade alheia, mesmo que para isto escondam sua tristeza particular.

Tem muita gente querendo ser amado(a), cuidado(a), mas não vibra na lei da doação incondicional do amar sem expectativas, do amor que energiza o mundo com paz e mais esperança.

Quer um grande amor na vida?

Conjugue com atitudes estes dois verbos: AGRADECER E SERVIR.

Quem tem prazer em servir e cultiva gratidão, cura-se de qualquer mal, abre-se para as riquezas e toda a forma de abundância.

Ame. Mova-se no amor. O universo responde.

Entrevista com Ermance Dufaux

Por que escrever um livro sobre o autoabandono?

O sentimento de abandono é uma experiência emocional milenar que causa muito sofrimento. Ela pode ser identificada por nós, os desencarnados, pelo clamor silencioso de bilhões de almas na Terra, diante de suas angústias e provas.

Produz a sensação de desamparo que faz a criatura viver como se fosse diferente dos demais e estivesse completamente sem apoio, o que dilacera e desanima. Em verdade, o ser se sente sozinho, com emoções únicas, e acredita não ser compreendido. Chega a imaginar-se inadequado ao planeta.

O egoísmo é o responsável por esse sofrimento. A conduta egocêntrica distanciou-nos do centro divino que todos possuímos na intimidade espiritual. Estamos distantes da nossa essência sagrada e o resultado disso é a prova do abandono, ou, mais apropriadamente, do autoabandono.

Escrever sobre esse tema é o caminho para resgatarmos a nós mesmos por meio da amorosidade, isto é, o desenvolvimento dos nossos valores na frequência do amor. É como plantar uma semente potente que dará frutos muito saudáveis. Essa é a nossa esperança e certeza.

Foram usadas quatro principais dores emocionais resultantes desse processo: a carência, a rejeição, a solidão e o medo. Existem outras?

Existem muitas outras. Usamos a didática que se aproxima da realidade presente na maioria esmagadora da população terrena. Façamos uma analogia que poderá, com os textos da obra, ser mais bem compreendida:

- A carência é um espelho que reflete as profundas necessidades afetivas não realizadas.
- A rejeição é um desvio que afasta o ser das oportunidades de valorização pessoal.
- A solidão é uma venda que impede a visualização da riqueza interna.
- O medo é uma algema que limita o desenvolvimento de talentos desconhecidos.

Cada uma dessas emoções também traz em si os germens vigorosos de valores e talentos. A dor do abandono, devidamente tratada, é capaz de despertar o potencial adormecido de empatia e altruísmo.

Quem se sente abandonado e desprotegido não encontra motivos nem forças para exercer sua capacidade empática e altruísta, o que o tornaria um ser extremamente rico de amorosidade.

Independentemente dos inúmeros exemplos no livro, poderia resumir como se sente uma pessoa sofrendo com a ferida do abandono?

Sente-se carente, vazia, com alto nível de ansiedade, desconectada do ambiente, solitária, com grande medo de tudo e em constante tormenta.

Por qual motivo a senhora não abordou as outras duas lesões evolutivas: inferioridade e fragilidade?

A primeira é a raiz dos nossos problemas com a autoestima; a segunda é a raiz das nossas lutas com o orgulho. São temas de outras obras da nossa equipe, já enviadas ao mundo físico.[1]

Por qual motivo o tema "relacionamentos" foi o principal foco do livro?

Porque foi por meio dos relacionamentos que fizemos os registros egoísticos na vida mental profunda, na qual se encontram as nascentes do desamor a si mesmo. Somente por meio deles conseguiremos atingir a cura, ou seja, o alvo da amorosidade.

A criação de relacionamentos sólidos e compensadores exigirão o autoconhecimento, com a consequente desilusão das crenças limitantes e da educação emocional.

A reforma íntima tão propagada nos ambientes espíritas e espiritualistas é a nossa meta prioritária. Como o nome diz, ela é íntima. Mas não pode ser consolidada sem relacionamentos, fora do ser. Conforme as reações que acontecem nessa interação entre as pessoas é que se pode identificar o que necessita ser reformado, aprimorado e iluminado em cada um.

Pela reação causada nos embates dos relacionamentos, nos conhecemos e seremos capazes de fazer um retrato das nossas necessidades, uma vez que somos espíritos cansados de deter o saber, mas oprimidos por angústias essenciais.

Quando fala de relacionamentos não se restringe a casais ou relacionamentos amorosos, certo?

---

[1] *Reforma íntima sem martírio, Mereça ser feliz, Sete caminhos para o autoamor, Emoções que curam*, todos psicografados pelo médium Wanderley Oliveira - Editora Dufaux.

Certo. Embora em vários textos os assuntos sejam mais pertinentes às relações amorosas e conjugais, nada impede que tais textos possam ser ampliados para uma visão de convivência humana em geral.

A amorosidade foi apresentada como a cura das nossas dores do abandono. Pode explicar?

A amorosidade é a melhor expressão que define, no vocabulário humano, a aplicação do amor apregoado por Jesus.

O egoísmo, em verdade, apenas encobriu grandes valores e virtudes que deveriam ser colocados em favor do bem comum.

É o altruísmo no que ele tem de mais verdadeiro e pessoas altruístas não se sentem abandonadas, ao contrário, sentem-se completas.

A amorosidade é a conduta consciente de tomar posse da nossa força espiritual, da luz divina que há em nós.

Em termos de comportamento, como definir amorosidade?

É a conduta que emana de quem já começou a desenvolver o autoamor.

Oferecendo bons tratos a si, o espírito imortal libera uma fonte de energias sublimes e intensas que vão estabelecer serenidade em sua mente e brandura nos sentimentos.

Esse estado emocional espalha em torno dos passos a leveza, o magnetismo da bondade, o gesto amável, a voz que alivia, a gentileza espontânea e a cordialidade pacificadora. Seu portador exala amorosidade, assim como uma flor, que nasceu para espalhar seu perfume e embelezar a vida.

Seria correto dizer que a amorosidade é característica que mais define a evolução espiritual?

Há muito consenso a respeito do tema em nossas esferas espirituais de trabalho.

Como ficam então as conhecidas referências de avanço espiritual como a caridade e os trabalhos espíritas que costumam ser tomados como característica que indicam evolução espiritual?

As tarefas e os movimentos sociais em favor do próximo não deixam de ser traços de evolução espiritual, mas não são os únicos e nem correspondem à realidade de forma absoluta e nem se aplicam a todos os casos. Esta é uma cultura que se formou, mas não pode ser generalizada.

As tarefas e as práticas doutrinárias são iniciativas valorosas que expressam o desejo sincero de progresso e crescimento, qualificando-nos e nos colocando a caminho da evolução. São treinos abençoados para geração de novos hábitos e ampliação do bem no coração.

O desenvolvimento de relacionamentos maduros e orientados por amorosidade insculpem na alma os valores eternos em função da quota de sacrifício e esforço que cada um será levado a experimentar na aplicação dos ensinos de Jesus na convivência diária.

O perdão, a aceitação, a bondade, a cordialidade, a gentileza social, o espontâneo desejo de ser útil e servir, a leveza no trato, a meiguice no falar, o cuidado com os limites, a discrição ante a fofoca, o acolhimento dos diferentes, o carinho com as diferenças, são alguns traços da amorosidade que exigem a morte do egoísmo e ela é muito sacrificial aos nossos costumes. Neste nível de relacionamentos está o legítimo enfrentamento da sombra[2] pessoal.

O contato social coloca para fora todas as nossas necessidades de aprimoramento, a sombra interior fica completamente exposta, à espera da luz do amor, para dissipar todos os entraves e obstáculos ao amadurecimento emocional.

E como situar o conhecimento da realidade espiritual como traço de evolução?

A soberba intelectual em quaisquer grupamentos humanos tem feito enorme mal aos relacionamentos.

O conhecimento e a informação são ferramentas de avanço e não traços de personalidade depurada.

Saber é fundamental. Educar é curativo.

Saber é encontrar respostas. Educar é usá-las para melhorar a nossa vida e dos demais.

---

[2] "É a parte da personalidade que é por nós negada ou desconhecida, cujos conteúdos são incompatíveis com a conduta consciente". *Psicologia e espiritualidade*, Adenáuer Novaes.

Saber é achar um mapa. Educar é trilhar o caminho indicado pelo mapa.

Saber é esclarecimento. Educar é colocá-lo em prática para evoluir.

Trazer o conhecimento espiritual do cérebro até o coração é o desafio para implantação de uma era de amorosidade na humanidade.

Quem sabe, necessariamente, não angaria paz na sua alma. A educação, usando todo o saber para gerar um homem melhor, pode nos destinar a um futuro melhor. A educação para o bem, para a paz nas relações, para a amorosidade.

Ficha Técnica

Título

Amorosidade - a cura da ferida do abandono

Autoria

Espírito Ermance Dufaux

psicografado por Wanderley Oliveira

Edição

1ª

ISBN

978-85-67800-35-6

Projeto gráfico e diagramação

Tuane Silva

Capa

César Oliveira

Revisão

Nilma Helena

Preparação de originais

Maria José da Costa e Nilma Helena

Revisão

Cecília Beatriz e Nilma Helena

Composição

Adobe Indesign CS6 (plataforma Mac)

Páginas

303

Tamanho

Miolo 16x 23 cm

Capa 16 x 23 cm com orelhas

Tipografia

Texto principal: Cambria 13pt

Título: Andecha + Angelface

Notas de rodapé: Cambria 9pt

Margens

17 mm: 25 mm: 28 mm: 20 mm

(superior:inferior:interna;externa)

Mancha

107 mm

Papel

Miolo Polen Natural LD FSC 70g/m2

Capa Cartão Supremo LD FSC 250g/m2

Cores

Miolo: Black (K)

Capa em 4 x 0 cores CMYK

Impressão

Formato

Acabamento

Brochura, cadernos de 32 pp Costurados

Capa com orelhas laminação BOPP fosca

Tiragem

1.114 exemplares

Produção

Dezembro / 2022

Nossas Publicações

SÉRIE REFLEXÕES DIÁRIAS

PARA SENTIR DEUS

Nos momentos atuais da humanidade sentimos extrema necessidade da presença de Deus. Ermance Dufaux resgata, para cada um, múltiplas formas de contato com Ele, de como senti-Lo em nossas vidas, nas circunstâncias que nos cercam e nos semelhantes que dividem conosco a jornada reencarnatória. Ver, ouvir e sentir Deus em tudo e em todos.

Wanderley Oliveira | Ermance Dufaux
11 x 15,5 cm | 133 páginas

Somente

LIÇÕES PARA O AUTOAMOR

Mensagens de estímulo na conquista do perdão, da aceitação e do amor a si mesmo. Um convite à maravilhosa jornada do autoconhecimento que nos conduzirá a tomar posse de nossa herança divina.

Wanderley Oliveira | Ermance Dufaux
11 x 15,5 cm | 128 páginas

Somente

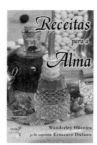

RECEITAS PARA A ALMA

Mensagens de conforto e esperança, com pequenos lembretes sobre a aplicação do Evangelho para o dia a dia. Um conjunto de propostas que se constituem em verdadeiros remédios para nossas almas.

Wanderley Oliveira | Ermance Dufaux
11 x 15,5 cm | 146 páginas

Somente

 ## SÉRIE CULTO NO LAR

VIBRAÇÕES DE PAZ EM FAMÍLIA

Quando a família se reune para orar, ou mesmo um de seus componentes, o ambiente do lar melhora muito. As preces são emissões poderosas de energia que promovem a iluminação interior. A oração em família traz paz e fortalece, protege e ampara a cada um que se prepara para a jornada terrena rumo à superação de todos os desafios.

Wanderley Oliveira | Ermance Dufaux
16 x 23 cm | 212 páginas

JESUS - A INSPIRAÇÃO DAS RELAÇÕES LUMINOSAS

Após o sucesso de "Emoções que curam", o espírito Ermance Dufaux retorna com um novo livro baseado nos ensinamentos do Cristo, destacando que o autoamor é a garantia mais sólida para a construção de relacionamentos luminosos.

Wanderley Oliveira | Ermance Dufaux
16 x 23 cm | 304 páginas

REGENERAÇÃO - EM HARMONIA COM O PAI

Nos dias em que a Terra passa por transformações fundamentais, ampliando suas condições na direção de se tornar um mundo regenerado, é necessário desenvolvermos uma harmonia inabalável para aproveitar as lições que esses dias nos proporcionam por meio das nossas decisões e das nossas escolhas, [...].

Samuel Gomes | Diversos Espíritos
14 x 21 cm | 223 páginas

AMOROSIDADE - A CURA DA FERIDA DO ABANDONO

Uma das mais conhecidas prisões emocionais na atualidade é a dor do abandono, a sensação de desamparo. Essa lesão na alma responde por larga soma de aflições em todos os continentes do mundo. Não há quem não esteja carente de ser protegido e acolhido, amado e incentivado nas lutas de cada dia.

Wanderley Oliveira | Ermance Dufaux
16 x 23 cm | 300 páginas

 TRILOGIA **DESAFIOS DA CONVIVÊNCIA**

QUEM SABE PODE MUITO. QUEM AMA PODE MAIS

A lição central desta obra é mostrar que o conhecimento nem sempre é suficiente para garantir a presença do amor nas relações. "Estar informado é a primeira etapa. Ser transformado é a etapa da maioridade." - Eurípedes Barsanulfo.

Wanderley Oliveira | José Mário
16 x 23 cm | 312 páginas

QUEM PERDOA LIBERTA - ROMPER OS FIOS DA MÁGOA ATRAVÉS DA MISERICÓRDIA

Continuação do livro "QUEM SABE PODE MUITO. QUEM AMA PODE MAIS" dando sequência à trilogia "Desafios da Convivência".

Wanderley Oliveira | José Mário
16 x 23 cm | 320 páginas

SERVIDORES DA LUZ NA TRANSIÇÃO PLANETÁRIA

Nesta obra recebemos o convite para nos integrar nas fileiras dos Servidores da Luz, atuando de forma consciente diante dos desafios da transição planetária. Brilhante fechamento da trilogia.

Wanderley Oliveira | José Mário
14x21 cm | 298 páginas

 ## SÉRIE HARMONIA INTERIOR

LAÇOS DE AFETO - CAMINHOS DO AMOR NA CONVIVÊNCIA

Uma abordagem sobre a importância do afeto em nossos relacionamentos para o crescimento espiritual. São textos baseados no dia a dia de nossas experiências. Um estímulo ao aprendizado mais proveitoso e harmonioso na convivência humana.

Wanderley Oliveira | Ermance Dufaux
16 x 23 cm | 312 páginas

MEREÇA SER FELIZ - SUPERANDO AS ILUSÕES DO ORGULHO

Um estudo psicológico sobre o orgulho e sua influência em nossa caminhada espiritual. Ermance Dufaux considera essa doença moral como um dos mais fortes obstáculos à nossa felicidade, porque nos leva à ilusão.

Wanderley Oliveira | Ermance Dufaux
16 x 23 cm | 296 páginas

TERAPIAS DO ESPÍRITO

Integra saberes espirituais e terapias integrais em uma abordagem inovadora que promove o autoconhecimento, o reequilíbrio energético e a cura integral do Ser.

Dalton Eloy | 16 x 23 cm | 290 páginas

REFORMA ÍNTIMA SEM MARTÍRIO - AUTOTRANSFORMAÇÃO COM LEVEZA E ESPERANÇA

As ações em favor do aperfeiçoamento espiritual dependem de uma relação pacífica com nossas imperfeições. Como gerenciar a vida íntima sem adicionar o sofrimento e sem entrar em conflito consigo mesmo?

Wanderley Oliveira | Ermance Dufaux
16 x 23 cm | 288 páginas

ESCUTANDO SENTIMENTOS - A ATITUDE DE AMAR-NOS COMO MERECEMOS

Ermance afirma que temos dado passos importantes no amor ao próximo, mas nem sempre sabemos como cuidar de nós, tratando-nos com culpas, medos e outros sentimentos que não colaboram para nossa felicidade.

Wanderley Oliveira | Ermance Dufaux
16 x 23 cm | 256 páginas

PRAZER DE VIVER - CONQUISTA DE QUEM CULTIVA A FÉ E A ESPERANÇA

Neste livro, Ermance Dufaux, com seus ensinos, nos auxilia a pensar caminhos para alcançar nossas metas existenciais, a fim de que as nossas reencarnações sejam melhor vividas e aproveitadas.

Wanderley Oliveira | Ermance Dufaux
16 x 23 cm | 248 páginas

DIFERENÇAS NÃO SÃO DEFEITOS - A RIQUEZA DA DIVERSIDADE NAS RELAÇÕES HUMANAS

Ninguém será exatamente como gostaríamos que fosse. Quando aprendemos a conviver bem com os diferentes e suas diferenças, a vida fica bem mais leve. Aprenda esse grande SEGREDO e conquiste sua liberdade pessoal.

Wanderley Oliveira | Ermance Dufaux
16 x 22,5 cm | 248 páginas

EMOÇÕES QUE CURAM - CULPA, RAIVA E MEDO COMO FORÇAS DE LIBERTAÇÃO

Um convite para aceitarmos as emoções como forma terapêutica de viver, sintonizando o pensamento com a realidade e com o desenvolvimento da autoaceitação.

Wanderley Oliveira | Ermance Dufaux
16 x 23 cm | 272 páginas

 SÉRIE **AUTOCONHECIMENTO**

QUAL A MEDIDA DO SEU AMOR?

Propõe revermos nossa forma de amar, pois estamos mais próximos de uma visão particularista do que de uma vivência autêntica desse sentimento. Superar limites, cultivar relações saudáveis e vencer barreiras emocionais são alguns dos exercícios na construção desse novo olhar.

Wanderley Oliveira | Ermance Dufaux
16 x 23 cm | 208 páginas

APAIXONE-SE POR VOCÊ

Você já ouviu alguém dizer para outra pessoa: "minha vida é você"?
Enquanto o eixo de sua sustentação psicológica for outra pessoa, a sua vida estará sempre ameaçada, pois o medo da perda vai rondar seus passos a cada minuto.

Wanderley Oliveira
16 x 23 cm | 152 páginas

DESCOMPLIQUE, SEJA LEVE

Um livro de mensagens para apoiar sua caminhada na aquisição de uma vida mais suave e rica de alegrias na convivência.

Wanderley Oliveira
16 x 23 cm | 238 páginas

A VERDADE ALÉM DAS APARÊNCIAS - O UNIVERSO INTERIOR

Liberte-se da ansiedade e da angústia, direcionando o seu espírito para o único tempo que realmente importa: o presente. Nele você pode construir um novo olhar, amplo e consciente, que levará você a enxergar a verdade além das aparências.

Samuel Gomes
14 x 21 cm | 272 páginas

7 CAMINHOS PARA O AUTOAMOR

O tema central dessa obra é o autoamor que, na concepção dos educadores espirituais, tem na autoestima o campo elementar para seu desenvolvimento. O autoamor é algo inato, herança divina, enquanto a autoestima é o serviço laborioso e paciente de resgatar essa força interior, ao longo do caminho de volta à casa do Pai.

Wanderley Oliveira | Pai João de Angola
16 x 23 cm | 272 páginas

FALA, PRETO VELHO

Um roteiro de autoproteção energética através do autoamor. Os textos aqui desenvolvidos permitem construir nossa proteção interior por meio de condutas amorosas e posturas mentais positivas, para criação de um ambiente energético protetor ao redor de nossas vidas.

Wanderley Oliveira | Pai João de Angola
16 x 23 cm | 291 páginas

DEPRESSÃO E AUTOCONHECIMENTO - COMO EXTRAIR PRECIOSAS LIÇÕES DESSA DOR

A proposta de tratamento complementar da depressão aqui abordada tem como foco a educação para lidar com nossa dor, que muito antes de ser mental, é moral.

Wanderley Oliveira
16 x 23 cm | 235 páginas

A REDENÇÃO DE UM EXILADO

A obra traz informações sobre a formação da civilização, nos primórdios da Terra, que contou com a ajuda do exílio de milhões de espíritos mandados para cá para conquistar sua recuperação moral e auxiliar no desenvolvimento das raças e da civilização. É uma narrativa do Apóstolo Lucas, que foi um desses enviados, e que venceu suas dificuldades íntimas para seguir no trabalho orientado pelo Cristo.

Samuel Gomes | Lucas
16 x 23 cm | 368 páginas

CONECTE-SE A VOCÊ - O ENCONTRO DE UMA NOVA MENTALIDADE QUE TRANSFORMARÁ A SUA VIDA

Este livro vai te estimular na busca de quem você é verdadeiramente. Com leitura de fácil assimilação, ele é uma viagem a um país desconhecido que, pouco a pouco, revela características e peculiaridades que o ajudarão a encontrar novos caminhos. Para esta viagem, você deve estar conectado a sua essência. A partir daí, tudo que você fizer o levará ao encontro do propósito que Deus estabeleceu para sua vida espiritual.

Rodrigo Ferretti
16 x 23 cm | 256 páginas

TRILOGIA REGENERAÇÃO

FUTURO ESPIRITUAL DA TERRA

As necessidades, as estruturas perispirituais e neuropsíquicas, o trabalho, o tempo, as características sociais e os próprios recursos de natureza material se tornarão bem mais sutis. O futuro já está em construção e André Luiz, através da psicografia de Samuel Gomes, conta como será o Futuro Espiritual da Terra.

Samuel Gomes | André Luiz
16 x 23 cm | 344 páginas

XEQUE-MATE NAS SOMBRAS - A VITÓRIA DA LUZ

André Luiz traz notícias das atividades que as colônias espirituais, ao redor da Terra, estão realizando para resgatar os espíritos que se encontram perdidos nas trevas e conduzi-los a passar por um filtro de valores, seja para receberem recursos visando a melhorar suas qualidades morais – se tiverem condições de continuar no orbe – seja para encaminhá-los ao degredo planetário.

Samuel Gomes | André Luiz
16 x 23 cm | 212 páginas

A DECISÃO - CRISTOS PLANETÁRIOS DEFINEM O FUTURO ESPIRITUAL DA TERRA

"Os Cristos Planetários do Sistema Solar e de outros sistemas se encontram para decidir sobre o futuro da Terra na sua fase de regeneração. Numa reunião que pode ser considerada, na atualidade, uma das mais importantes para a humanidade terrestre, Jesus faz um pronunciamento direto sobre as diretrizes estabelecidas por Ele para este período."

Samuel Gomes | André Luiz e Chico Xavier
16 x 23 cm | 210 páginas

ESTUDOS DOUTRINÁRIOS

ATITUDE DE AMOR

Opúsculo contendo a palestra "Atitude de Amor" de Bezerra de Menezes, o debate com Erípedes Barsanulfo sobre o período da maioridade do Espiritismo e as orientações sobre o "movimento atitude de amor". Por uma efetiva renovação pela educação moral.

Wanderley Oliveira | Ermance Dufaux e Cícero Pereira
14 x 21 cm | 94 páginas

SEARA BENDITA

Um convite à reflexão sobre a urgência de novas posturas e conceitos. As mudanças a adotar em favor da construção de um movimento social capaz de cooperar com eficácia na espiritualização da humanidade.

Wanderley Oliveira e Maria José Costa | Diversos Espíritos
14 x 21 cm | 284 páginas

Gratuito em nosso site, somente em:

NOTÍCIAS DE CHICO

"Nesta obra, Chico Xavier afirma com seu otimismo natural que a Terra caminha para uma regeneração de acordo com os projetos de Jesus, a caracterizar-se pela tolerância humana recíproca e que precisamos fazer a nossa parte no concerto projetado pelo Orientador Maior, principalmente porque ainda não assumimos responsabilidades mais expressivas na sustentação das propostas elevadas que dizem respeito ao futuro do nosso planeta."

Samuel Gomes | Chico Xavier
16 x 23 cm | 181 páginas

EVANGELHO SEGUNDO O ESPIRITISMO

Explicação dos ensinos morais de Jesus à luz do Espiritismo, com comentários e instruções dos espíritos para aplicação prática nas experiências do dia a dia.

Allan Kardec | Espírito da Verdade
16 x 23 cm | 416 páginas

MEDICAÇÕES ESPIRITUAIS

Um convite à cura da alma por meio do autoconhecimento, da espiritualidade e da vocação. Reflexões profundas sobre o propósito da vida e a transformação interior.

Luis Petraca | Espírito Frei Fabiano de Cristo
16 x 23 cm | 252 páginas

ROMANCES MEDIÚNICOS

OS DRAGÕES - O DIAMANTE NO LODO NÃO DEIXA DE SER DIAMANTE

Um relato leve e comovente sobre nossos vínculos com os grupos de espíritos que integram as organizações do mal no submundo astral.

Wanderley Oliveira | Maria Modesto Cravo
16 x 23cm | 522 páginas

LÍRIOS DE ESPERANÇA

Ermance Dufaux alerta os espíritas e lidadores do bem de um modo geral, para as responsabilidades urgentes da renovação interior e da prática do amor neste momento de transição evolutiva, através de novos modelos de relação, como orientam os benfeitores espirituais.

Wanderley Oliveira | Ermance Dufaux
16 x 23 cm | 508 páginas

AMOR ALÉM DE TUDO

Regras para seguir e rótulos para sustentar. Até quando viveremos sob o peso dessas ilusões? Nessa obra reveladora, Dr. Inácio Ferreira nos convida a conhecer a verdade acima das aparências. Um novo caminho para aqueles que buscam respeito às diferenças e o AMOR ALÉM DE TUDO.

Wanderley Oliveira | Inácio Ferreira
16 x 23 cm | 252 páginas

ABRAÇO DE PAI JOÃO

Pai João de Angola retorna com conceitos simples e práticos, sobre os problemas gerados pela carência afetiva. Um romance com casos repletos de lutas, desafios e superações. Esperança para que permaneçamos no processo de resgate das potências divinas de nosso espírito.

Wanderley Oliveira | Pai João de Angola
16 x 23 cm | 224 páginas

UM ENCONTRO COM PAI JOÃO

A obra também fala do valor de uma terapia, da necessidade do autoconhecimento, dos tipos de casamentos programados antes do reencarne, dos processos obsessivos de variados graus e do amparo de Deus para nossas vidas por meio dos amigos espirituais e seus trabalhadores encarnados. Narra também em detalhes a dinâmica das atividades socorristas do centro espírita.

Wanderley Oliveira | Pai João de Angola
16 x 23 cm | 220 páginas

O LADO OCULTO DA TRANSIÇÃO PLANETÁRIA

O espírito Maria Modesto Cravo aborda os bastidores da transição planetária com casos conectados ao astral da Terra.

Wanderley Oliveira | Maria Modesto Cravo
16 x 23 cm | 288 páginas

PERDÃO - A CHAVE PARA A LIBERDADE

Neste romance revelador, conhecemos Onofre, um pai que enfrenta a perda de seu único filho com apenas oito anos de idade. Diante do luto e diversas frustrações, um processo desafiador de autoconhecimento o convida a enxergar a vida com um novo olhar. Será essa a chave para a sua libertação?

Adriana Machado | Ezequiel
14 x 21 cm | 288 páginas

1/3 DA VIDA - ENQUANTO O CORPO DORME A ALMA DESPERTA

A atividade noturna fora da matéria representa um terço da vida no corpo físico, e é considerada por nós como o período mais rico em espiritualidade, oportunidade e esperança.

Wanderley Oliveira | Ermance Dufaux
16 x 23 cm | 279 páginas

NEM TUDO É CARMA, MAS TUDO É ESCOLHA

Somos todos agentes ativos das experiências que vivenciamos e não há injustiças ou acasos em cada um dos aprendizados.

Adriana Machado | Ezequiel
16 x 23 cm | 536 páginas

REENCONTRO DE ALMAS

Entre encontros espirituais e reencontros marcados pelo amor, o romance revela as escolhas, renúncias e resgates de almas destinadas a se encontrarem novamente através dos séculos.

Alcir Tonoli | Espírito Milena
16 x 23 cm | 280 páginas

RETRATOS DA VIDA - AS CONSEQUÊNCIAS DO DESCOMPROMETIMENTO AFETIVO

Túlio costumava abstrair-se da realidade, sempre se imaginando pintando um quadro; mais especificamente pintando o rosto de uma mulher. Vivendo com Dora um casamento já frio e distante, uma terrível e insuportável dor se abate sobre sua vida. A dor era tanta que Túlio precisou buscar dentro de sua alma uma resposta para todas as suas angústias. A partir de lembranças se desenrola a história de Túlio através de suas experiências reencarnatórias.

Clotilde Fascioni
16 x 23 cm | 175 páginas

O PREÇO DE UM PERDÃO - AS VIDAS DE DANIEL

Daniel se apaixona perdidamente e, por várias vidas, é capaz de fazer qualquer coisa para alcançar o objetivo de concretizar o seu amor. Mas suas atitudes, por mais verdadeiras que sejam, o afastam cada vez mais desse objetivo. É quando a vida o para.

André Figueiredo e Fernanda Sicuro | Espírito Bruno
16 x 23 cm | 333 páginas

ROMANCE JUVENIL

UM JOVEM OBSESSOR - A FORÇA DO AMOR NA REDENÇÃO ESPIRITUAL

Um jovem conta sua história, compartilhando seus problemas após a morte, falando sobre relacionamentos, sexo, drogas e, sobretudo, da força do amor na redenção espiritual.

Adriana Machado | Jefferson
16 x 23 cm | 392 páginas

UM JOVEM MÉDIUM - CORAGEM E SUPERAÇÃO PELA FORÇA DA FÉ

A mediunidade é um canal de acesso às questões de vidas passadas que ainda precisam ser resolvidas. O livro conta a história do jovem Alexandre que, com sua mediunidade, se torna o intermediário entre as histórias de vidas passadas daqueles que o rodeiam tanto no plano físico quanto no plano espiritual.
Surpresos com o dom mediúnico do menino, os pais, de formação Católica, se veem às voltas com as questões espirituais que o filho querido traz para o seio da família.

Adriana Machado | Ezequiel
16 x 23 cm | 365 páginas

RECONSTRUA SUA FAMÍLIA - CONSIDERAÇÕES PARA O PÓS-PANDEMIA

Vivemos dias de definição, onde nada mais será como antes. Necessário redefinir e ampliar o conceito de família. Isso pode evitar muitos conflitos nas interações pessoais. O autoconhecimento seguido de reforma íntima será o único caminho para transformação do ser humano, das famílias, das sociedades e da humanidade.

Dr. Américo Canhoto
16 x 23 cm | 237 páginas

TRILOGIA ESPÍRITOS DO BEM

GUARDIÕES DO CARMA - A MISSÃO DOS EXUS NA TERRA

Pai João de Angola quebra com o preconceito criado em torno dos exus e mostra que a missão deles na Terra vai além do que conhecemos. Na verdade, eles atuam como guardiões do carma, nos ajudando nos principais aspectos de nossas vidas.

Wanderley Oliveira | Pai João de Angola
16 x 23 cm | 288 páginas

GUARDIÃS DO AMOR - A MISSÃO DAS POMBAGIRAS NA TERRA

"São um exemplo de amor incondicional e de grandeza da alma. São mães dos deserdados e angustiados. São educadoras e desenvolvedoras do sagrado feminino, e nesse aspecto são capazes de ampliar, nos homens e nas mulheres, muitas conquistas que abrem portas para um mundo mais humanizado, [...]".

Wanderley Oliveira | Pai João de Angola
16 x 23 cm | 232 páginas

GUARDIÕES DA VERDADE - NADA FICARÁ OCULTO

Neste momento de batalhas decisivas rumo aos tempos da regeneração, esta obra é um alerta que destaca a importância da autenticidade nas relações humanas e da conduta ética como bases para uma forma transparente de viver. A partir de agora, nada ficará oculto, pois a Verdade é o único caminho que aguarda a humanidade para diluir o mal e se estabelecer na realidade que rege o universo.

Wanderley Oliveira | Pai João de Angola
16 x 23 cm | 236 páginas

TRILOGIA CONSCIÊNCIA DESPERTA

SAIA DO CONTROLE - UM DIÁLOGO TERAPÊUTICO E LIBERTADOR ENTRE A MENTE E A CONSCIÊNCIA

Agimos de forma instintiva por não saber observar os pensamentos e emoções que direcionam nossas ações de forma condicionada. Por meio de uma observação atenta e consciente, identificando o domínio da mente em nossas vidas, passamos a viver conscientes das forças internas que nos regem.

Rossano Sobrinho
16 x 23 cm | 264 páginas

LIBERTE-SE DA SUA MENTE

Um guia de autoconhecimento e meditações que conduz o leitor à superação de padrões mentais e emocionais, promovendo equilíbrio, paz interior e despertar espiritual.

Rossano Sobrinho
16 x 23 cm | 218 páginas

SÉRIE FAMÍLIA E ESPIRITUALIDADE

ESCOLHA VIVER

Relatos reais de espíritos que enfrentaram o suicídio e encontraram no amor, na espiritualidade e na esperança um novo caminho para seguir e reconstruir suas jornadas.

Wanderley Oliveira | Espírito Ebert Morales
16 x 23 cm | 188 páginas